Teddy MK Baer

Prinzesschen Gschwind

AF190863

Prinzesschen Gschwind

Kurze Geschichtchen für eilige Leser

Teddy MK Baer

Bibliografische Information der Deutschen Nationalbibliothek

Die Deutsche Nationalbibliothek verzeichnet diese
Publikation in der Deutschen Nationalbibliografie;
detaillierte bibliografische Daten sind im Internet
über dnb.d-nb.de abrufbar.

Prinzesschen Gschwind
Kurze Geschichtchen für eilige Leser

Herstellung und Verlag:
Books on Demand GmbH, Norderstedt
ISBN: 9783839146507

Prinzesschen Gschwind nimmt ein Bad

Es war einmal das Prinzesschen Gschwind, das war so geschwind wie der Wind. Es wohnte nicht in einem riesigen zugigen Schloss, sondern in einer gemütlichen Vierzimmerwohnung in der Goethestraße. Sonntagabends nahm es fix ein Bad, bevor es schlafen ging. Dabei trug es die schönsten Schaumkronen, die es gab. Wenn es aus der Wanne gestiegen war und sich gut abgetrocknet hatte, sang es mit seinem goldenen Stimmchen die lieblichsten Schmählieder auf die Schule im Duett mit seinem Haartrockner, so dass die Nachbarn meinten, einen Engelschor zu vernehmen.

Eigentlich hieß das Prinzesschen ja Maria-Katharina, doch war es immer so in Eile, dass die Leute, wenn es seinen Namen nannte, bloß „Mina" verstanden. Doch so wollte es auch nicht heißen, deshalb nannte jeder es Prinzesschen Gschwind. Eines Sonntagnachmittags saß das Prinzesschen vor dem Fernseher, und wie es seinen eigenen Namen vor sich hinsagte, schlief es darüber ein.

Sein Mütterlein weckte es erst, als alle anderen schon mit dem Abendessen fertig waren. Auwei! Also wickelte es geschwind eine Scheibe Brot um das Stück Fleischwurst, aß das, während es in Windeseile seinen Erdbeerquark in der Küchenmaschine pürierte. Auf dem Weg ins Bad trank es seinen Erdbeerquark und streifte auch schon die Kleider ab. Dann ließ das Wasser in die Wanne schießen und wusch sich rasch.

Noch nackt und nass im ablaufenden Wasser stehend, griff das Prinzesschen nach dem Haartrockner und wollte zu singen beginnen, als das Gerät plötzlich Seifenblasen spuckte. Zupp! Es gab einen fürchterlichen Knall, der Haartrockner gab Rauchzeichen von sich, es blitzte kurz, das Licht ging aus, und dem Prinzesschen standen seine Haare nach allen Seiten vom Kopfe ab.

Unser Prinzesschen zitterte noch ein wenig, als sein Mütterlein mit einer Taschenlampe hereinkam, und zwei oder drei Tränchen kullerten ihm aus den Augen, aber sonst war es wohl auf. Glück gehabt![1]

---

[1] Der neue FI-Schutzschalter, das Prinzesschen sagt dazu Fifi-Schalter, hatte es vor größerem Schaden bewahrt.

Prinzesschen Gschwind kauft ein

Ein Tellerchen voller Kekse lächelte unser Prinzesschen Gschwind eines Tages so verlockend vom Kaffetisch her an, dass es sich einen Keks nehmen musste, während es auf seine Besucher wartete. Wie es so eine Minute um die andere warten musste, wanderte ein Keks nach dem anderen in seinen Mund, so dass noch bevor ein Gast erschien der Teller leer war, und die Tüte auch. Zum Glück schimpfte sein Mütterlein nicht, sondern drückte ihm geschwind einen Korb, ein wenig Geld und einen kleinen Einkaufszettel in die Hand, damit es in den Supermarkt spränge und Nachschub hole.

Noch bevor die Haustür ins Schloss gefallen war, hatte das Prinzesschen alles eingekauft, was auf dem Zettel stand und einiges mehr, das alles bezahlt, und tanzte auch schon beschwingten Schrittes heim. Es dachte noch, wie leicht es doch war, aber erst als sein Mütterlein fragte, ob es alles bekommen hätte, merkte es, dass seine Hände leer waren. Wie der Wind eilte es zurück. Die Kassiererin lächelte es freundlich an und zahlte ihm das Wechselgeld aus. Sie hatte kurz geblinzelt und so gar nicht bemerkt, dass unser Prinzesschen inzwischen weg gewesen war. Nun kehrte es abermals heim. Diesmal mitsamt überquellendem Korb.

Prinzesschen Gschwind füttert Nachbars Katze

Prinzesschen Gschwind eilte nach der Schule nach Hause. Es hatte den Nachbarn versprochen, ihre Katze zu füttern. Weil es ausgiebig ausgeschlafen und die erste Schulstunde nur gerade eben pünktlich erreicht hatte, wartete das arme Kätzchen schon aufgeregt auf sein fürstliches Mahl. Prinzesschen Gschwind nahm ein besonders hübsches Tellerchen aus dem Schrank und eine Dose Katzenfutter aus dem Regal und öffnete diese. Das Futter roch appetitlich nach Thunfisch und sah auch lecker aus, also probierte das Prinzesschen neugierig ein Wenig davon, und weil es vortrefflich mundete und unserem Prinzesschen auch schon gehörig der Magen knurrte, probierte es noch ein wenig, nahm noch ein Löffelchen und aß die Dose endlich leer. Die hungrige Katze maunzte herzergreifend vorwurfsvoll und schlich um des Prinzesschens Beine, so dass dies fast über sie fiel, als es die leere Dose zum Abfalleimer tragen wollte, doch es verlor zum Glück doch sein Gleichgewicht nicht.

Es wollte nun eine weitere Dose aus dem Regal nehmen, entdeckte jedoch zu seinem Schrecken, dass es eben die letzte selbst leergegessen hatte. Das arme Kätzchen! Ob ihm wohl Spinat und zum Nachtisch ein Stück Erdbeertorte bekommen würden? Beschämt schlich sich unser Prinzesschen Gschwind aus der Residenz seiner Nachbarn Katze und trug seinem Mütterlein vor, wie es das Kätzchen um sein Mahl gebracht hatte.

Sein Mütterlein erinnerte sich, dass die Nachbarn erst gestern größere Futtervorräte gekauft hatten. So ging es mit dem Prinzesschen noch einmal nachsehen, ob sie davon etwas fänden. Tatsächlich, als sie den Apothekerschrank aufzogen, fanden sich darin unzählige verschiedene Katzenmahlzeiten. Eine Dose leerte das Prinzesschen nun auf den Teller und deckte dem Kätzchen auf, das schnell speiste, damit es nicht wieder bestohlen würde. Das Mütterlein spülte die leere Dose kurz aus und warf sie in den Abfalleimer zu der anderen Dose, entdeckte dabei, dass das Prinzesschen wirklich nur eine gewöhnliche Dose Thunfisch leergefuttert hatte, verriet ihm das aber nicht.

Prinzesschen Gschwind kauft ein Eis

An einem besonders schönen wie warmen Sommertag kaufte sich Prinzesschen Gschwind ein Erdbeereis. Vor dem Eiscafé aßen einige Leute ihr Eis von Tellerchen und aus Becherchen. Gespannt sahen sie dem Prinzesschen zu, wie es elegant versuchte, sein Eis aufzulecken, während es langsam vom Hörnchen tropfte. Auch ein kleines Bienchen sah einen Moment lang zu, entschied dann aber, dass das Prinzesschen Gschwind angeboten hätte, sein Eis mit ihm zu teilen.

Unser Prinzesschen hatte jedoch keineswegs vor, eine Biene an sein Eis zu lassen und wich einen Schritt zurück. Das Bienchen sah sich aufgefordert, dem Prinzesschen zu folgen und beeilte sich, die Majestät nicht warten zu lassen. Das Prinzesschen schwenkte sein Eis zur Seite. Das Bienchen folgte. Das Prinzesschen riss sein Erdbeereis zur anderen Seite und das Bienchen schnellte hinterher. Das Prinzesschen wedelte das Eis im Kreis herum und das Bienchen flog Loopings und genoss seinen Tanz zum majestätischen Rap „Nein, geh weg – das ist mein Eis – hau ab – fort – Nein – lass mein Eis in Ruhe – Verschwinde!". Dem Eis allerdings wurde vom Tanzen ganz warm und es beschloss, sich zu setzen. Es plumpste auf den Rand eines steinernen Blumenkübels und das Bienchen folgte ihm ganz außer Atem, erfreut, nun nach dem schönen Tanz das leckere Erbeereis genießen zu dürfen.

Unser Prinzesschen lachte. Sicher bekam das Bienchen selten ein Eis und es war doch ein so schöner und heißer Tag. Das Prinzesschen kaufte sich nun eine Kugel Vanilleeis, vom Erdbeereis hatte es ja schon probiert. Diesmal konnte es sein Eis auch ganz in Ruhe essen, denn die Bienen hatten ja jetzt ihr eigenes am Blumenkübel.

Prinzesschen Gschwind beim Arzt

Prinzesschen Gschwind hatte länger als eine Stunde im Wartezimmer warten müssen, denn es hatte keinen Termin. Endlich rief die Arzthelferin es auf und führte es in ein Behandlungszimmer. Das Prinzesschen zog sich aus, legte seine Kleider ordentlich über einen Stuhl neben der Behandlungsliege. Mit etwas Mühe kletterte es empor und setzte sich auf den Rand. Der Arzt ließ eine Weile auf sich warten, also kletterte das Prinzesschen wieder herunter, nahm sich aus einer Kiste unter der Liege ein

Kinderbuch über den Froschkönig, erklomm die Behandlungsliege ein zweites Mal und las eine Weile in dem Buch.

Bald kam des Prinzesschens Leibarzt und fragte, was ihm denn fehle. Daran erinnerte es sich aber gerade nicht, und so bat es den Herrn Doktor, es doch einmal gründlich abzuhören und ihm in den Hals zu schauen. Vielleicht sähe er dann, weswegen sein Mütterlein es hergesandt hätte. Der Arzt war ein kluger Mann, deshalb untersuchte er unser Prinzesschen gründlich, wenn es schon einmal Audienz bei ihm hielt und so brav da saß und sich sogar ohne Murren in die Ohren sehen ließ. Außer einem Mückenstich auf dem Rücken und einer alten Blutkruste am linken Knie konnte er jedoch keine Anzeichen einer Erkrankung entdecken.

Da fiel dem Prinzesschen ein, dass es bloß die Versicherungskarte für sein Brüderchen nachreichen sollte. Der Arzt lachte herzhaft. Nachdem Prinzesschen Gschwind sich wieder angekleidet und die Arzthelferin die Versichertenkarte des Prinzesschens kleinen Bruders eingelesen hatte, erhielt es von ihr einen Lutscher mit Kirschgeschmack und wurde mit einem Gruß wieder nach Hause geschickt. Weil der Arzt unser Prinzesschen gut kannte, rief er aber seine Mutter auch selbst noch einmal an, ihr von des Prinzesschens Besuch zu berichten.

Prinzesschen Gschwind fährt mit dem Bus

An einem Sonntagmorgen um neun Uhr beschloss Prinzesschen Gschwind, mit dem Bus ins Schwimmbad zu fahren. Es packte seine Badehose, Sonnenmilch, zwei große Badetücher und seine Schwimmflügelchen ein. Dann nahm es sich aus seinem Sparschweinchen ein wenig Geld und schrieb seinen Eltern in seiner schönsten Schrift auf einen Zettel „ICH FARE SCHWIMBAT. SHÜS". Darunter malte es ein großes Herzchen, dann schlich es sich aus dem Haus.

An der Bushaltestelle angekommen stieg es in den erstbesten Bus, legte dem Busfahrer Geld hin und erhielt, nachdem es erklärte, es wolle zum Schwimmen fahren, eine Fahrkarte. An dieser oder jener Station sollte es umsteigen, riet er dem Prinzesschen. Das suchte sich einen schönen Sitzplatz am Fenster und genoss die Fahrt.

Als es meinte, es wäre Zeit, umzusteigen, verließ es den Bus und stieg in den nächsten. Als es seine Fahrkarte vorzeigte, stellte die Fahrerin keine Fragen. Die ganze Fahrt über schaute das Prinzesschen aus dem Fenster und erfreute sich an der vorüberziehenden sonnigen Landschaft. An der Endstation stieg es aus und weil es noch nicht am Ziel angekommen war, stieg es in den nächsten Bus, der bald kam. So stieg es von einem Bus in den nächsten, kaufte bald eine weitere Fahrkarte, sah vergnügt aus dem Fenster und als es hungrig wurde, aß es eines seiner Leberwurstbrote, die es sich tatsächlich auch selbst geschmiert und eingepackt hatte.

Mittags schlief es in einem Bus ein. Der Fahrer, ein älterer Herr mit grauen Haaren und Halbglatze, hatte heute schon mittags Dienstschluss und wunderte sich, dass er noch einen kleinen Fahrgast hatte. Er weckte unser Prinzesschen vorsichtig auf und erkundigte sich, wo genau es hinwollte und was das für ein Schwimmbad wäre. Tatsächlich kannte er das Schwimmbad, weil er selbst oft mit seinen Enkeln dort hinfuhr. Das Prinzesschen war viel zu weit gefahren, und sicher waren seine Eltern schon besorgt, weil es verschwunden war.

Unser Prinzesschen konnte ihm zum Glück seine Telefonnummer nennen, so dass er schnell des Prinzesschens Eltern anrief, die sich noch nicht richtig ängstigten, aber doch schon etwas besorgt waren, weil ihr Kind die richtige Buslinie sicher nicht kannte. Sie freuten sich, das Prinzesschen vergnügt am Telefon zu hören, und dass der Busfahrer bereit war, es persönlich nach Hause zu begleiten, als er erfuhr, dass sie kein eigenes Auto besaßen. So fuhr das Prinzesschen noch eine Weile in Bussen durch die schöne Landschaft und las unterwegs dem „Opa Busfahrer", den es gerne behalten wollte, das Märchen vom Froschkönig vor. Das Buch hatte es doch tatsächlich vergessen zurückzulegen, als es neulich seinem Leibarzt Audienz gehalten hatte.

Prinzesschen Gschwind kauft einen Hund

An seinem Geburtstag wollte das Prinzesschen Gschwind einen Hund kaufen. Seine liebe Oma hatte ihm etwas Geld geschenkt, weil sie Handwerker im Hause hatte und deshalb nicht selbst kommen konnte.

Das Prinzesschen war hin- und hergerissen von all den hübschen Hündchen. Es gab welche mit weißem Fell, mit braunem, gepunktetem, geflecktem Fell, große und kleine. Sie hatten kleine Schnauzen, große Schnauzen, blaue, grüne und braune Augen, Schlappohren, Stummelschwänze, und unser Prinzesschen mochte sich kaum entscheiden. Es befragte die Verkäuferin, ob ein Hündchen stubenrein wäre, ein anderes lieb zu Kindern oder das nächste sich auch baden ließ.

Die Verkäuferin war überrascht, was das Prinzesschen alles bedachte und bemühte sich, alle Fragen genau zu beantworten. Nein, apportieren hätten sie alle noch nicht gelernt, da müsste das Prinzesschen vielleicht mit seinem zukünftigen Hündchen eine Hundeschule besuchen.

Nach langer Überlegung entschied das Prinzesschen sich für einen großen braun-weißen Mischling, den es kaum umarmen konnte, mit einem braunen und einem grünen Auge und einem etwas schiefen Gesichtchen. Ein wenig traurig, nicht alle Hunde nehmen zu können und stolz, sich nun entschieden zu haben, streichelte es noch einmal alle anderen Hunde und redete ihnen gut zu, dass sicher andere Kinder kämen und sie alle adoptierten.

An der Kasse bezahlte unser Prinzesschen und versicherte sich noch einmal, ob man das Kätzchen, das es seinem Brüderchen kaufte, tatsächlich ebenfalls in der Waschmaschine waschen konnte, und die Kassiererin bestätigte dies nach einem Blick auf das Etikett.

Prinzesschen Gschwind füttert Enten

Prinzesschen Gschwind, das so schnell war wie der Wind, wollte heute Enten füttern. Darum packte sein Mütterlein ihm altes Brot in sein Umhängetäschchen, ermahnte es aber, acht zu geben, dass es nicht in das Wasser fiele. Doch sein Mütterlein ließ das Prinzesschen nicht alleine zum Teich gehen, sondern in Begleitung seiner Freundin Susi, die nicht ganz so geschwind war wie das Prinzesschen, und daher von ihm gelegentlich Tran-Susi genannt wurde.

Die beiden freuten sich sehr auf die kleinen Entchen und stürmten aufgeregt, ob sie am Teich auch welche träfen, los. Der kleine Teich lag in der Nähe des Prinzesschens Residenz, durch einen mit Schotter befestigten Feldweg erreichbar. Den beiden Mädchen kam es so vor, als wenn sie nicht dorthin liefen sondern flögen, so hurtig waren sie unterwegs. Der

Teich war fast vollständig von Schilf und anderen Wasserpflanzen umgeben, nur an einer Stelle führte ein kleiner Steg in das Wasser hinein. Dieser war gerade groß genug, damit beide Kinder nebeneinander darauf Platz fanden. Sie hatten Glück, eine kleine Entenfamilie schwamm auf dem Wasser und kam nun, da sie die Kinder wahrnahm, auf diese zugeschwommen. Eifrig packten sie das Brot aus, brachen kleine Stückchen davon ab und warfen diese den Entchen zu. Die Entenmutter und ihre drei Entenkinder schnappten gierig die Brotstückchen aus dem Wasser auf.

Zu gerne hätte das Prinzesschen eines der Entchen gestreichelt. Seine Freundin ermahnte es, aufzupassen, dass es nicht in das Wasser fiele. Das Prinzesschen hörte ihr aber gar nicht zu, sondern beugte sich weit über den Rand des Steges und versuchte, eines der Entenkinder anzufassen. Platsch! Das Prinzesschen verschwand im Wasser, tauchte aber sofort wieder auf. Der Teich war gar nicht tief, und das Prinzesschen konnte darin bequem stehen. Das Wasser reichte ihm nur bis an die Knie, aber jetzt war sein Kleid patschnass. Unser Prinzesschen Gschwind sah aus wie ein begossener Pudel. Die nassen Haare hingen ihm ins Gesicht. Susi lachte laut. Das Prinzesschen, dass sich bis dahin nicht schlüssig gewesen war, ob es lachen oder weinen sollte, lachte nun auch laut auf. Es kletterte auf den Steg und lief mit seinen quatschenden Schuhen an Land, und weil es das Geräusch so lustig fand, lief es noch ein paar Runden im Kreis.

Susi, die trotz des warmen Wetters besorgt war, das Prinzesschen könnte sich erkälteten, nahm es an der Hand und zog es schnell nach Hause. Des Prinzesschens Mütterlein bemühte sich sehr, ernst zu schauen, als es das Prinzesschen zu mehr Vorsicht mahnte, musste aber doch sehr lachen. Auch die Entchen quakten von da an immer belustigt, wenn unser Prinzesschen sie füttern kam.

Prinzesschen Gschwind und ein Dieb

Prinzesschen Gschwind ging gerne zum Einkaufen. Noch lieber, als selbst etwas einzukaufen mochte es sein Mütterlein dabei begleiten und bald dies, bald das in den Wagen legen, gleich ob es auf dem Einkaufszettel stand oder nicht. Einmal beobachtete es, dass ein Mann nicht bloß etwas in einen Wagen legte, der ihm gar nicht gehörte - nein, er nahm auch etwas aus einem Korb, der darin lag, heraus. Wie das Prinzesschen ihn weiter beobachtete, sah es, dass er auch Leuten etwas aus dem Mantel nahm. Unser Prinzesschen lernte gewöhnlich schnell und wollte sehen, ob es so etwas wohl auch

könnte. Und weil der Mann doch solchen Schaber-
nack mit anderen Kunden des Supermarktes trieb,
meinte das Prinzesschen, es wäre wohl nicht zu
frech, das Gleiche mit ihm zu versuchen.

Also stahl es ihm eine Börse aus der Tasche. Stolz
erzählte das Prinzesschen seinem Mütterlein, dass
es noch viel geschickter war, als dieser Mann. Es
wusste sehr wohl, dass es einen Dieb bestohlen
hatte. Und wie es das Glück wollte, war in der Börse
doch tatsächlich der Ausweis dieses Halunken.

Die eilends herbeigerufenen Polizisten schnappten
ihn bald und fanden auch einen großen Teil der
Beute noch bei ihm, als er gerade die entwendeten
und ausgeleerten Geldbörsen und Handtaschen
wegwerfen wollte. Unser Prinzesschen bekam als
Belohnung einen großen Teddybären in Polizeiuni-
form geschenkt und die Leute lobten es noch Wochen später, weil es geholfen hatte, den Dieb zu
fangen.

Prinzesschen Gschwind verkleidet sich

Das Prinzesschen Gschwind liebte es, sich zu verkleiden. Es hatte ein lustiges Buch über ein tolles
Mädchen mit roten Zöpfchen zum Teil gelesen und
sich zum Teil vorlesen lassen. Sein Mütterlein war
allerliebst und hatte ihm Zöpfe geflochten, wurde

dann aber gemein und wollte ihm nicht erlauben, sie auch rot zu färben.

Während die Mutter eine Zeitung kaufen ging, stibitzte das Prinzesschen eine Flasche Ketchup aus dem Kühlschrank, stellte sich vor dem großen Spiegel im Flur und goss kleine Schlucke Ketchup über sein Haar, die es dann gründlich einarbeitete, bis es vom Kopf bis zu den Spitzen ganz rot war. Aber es hatte auch Spritzer auf seinem einst schönen weißen Kleid. Eine liebe Nachbarin klingelte, um ein Stück Kuchen herüberzubringen und erschrak furchtbar, so dass ihr der Kuchen mitsamt Teller beinahe entglitt, denn unser Prinzesschen sah aus, als tropfte ihm Blut aus den Haaren aufs Kleid und den Boden.

Unseres Prinzesschens Mutter hatte gerade die Haustür aufgeschlossen, als sie die Nachbarin vor Schreck quieken hörte und stürmte schnell herbei. Sie bemerkte sofort, dass es nur Ketchup war, und auch die Nachbarin schmunzelte, als sie erfuhr, dass das Prinzesschen sich bloß verkleiden wollte. Weil es ein warmer Tag war, durfte das Prinzesschen sogar rot verschmiert wie es war, draußen über den Rasensprenger hüpfen, bis all das Ketchup abgewaschen war. Einige andere Eltern sollen ihren Kindern erlaubt haben, es unserem Prinzesschen gleich zu tun.

Prinzesschen Gschwind malt ein Bild

Nach den Ferien hatte auch Prinzesschen Gschwind wieder Schule. Alle Kinder malten fleißig Bilder. Der Lehrer hatte sie gebeten, etwas zu malen, das sie in den Ferien erlebt oder gesehen hatten. Aber sollte nichts aus dem Fernsehen, aus Magazinen oder Büchern sein, sondern etwas, das sie tatsächlich selbst in der Welt wahrgenommen hatten.

Das Prinzesschen malte ein Pferd. Es malte sowieso immer ein Pferd, gleich welche Aufgabe der Lehrer gestellt hatte. Dieses Pferd war lila mit braunen Tupfen. Der Lehrer kannte das schon, dennoch fragte er nach, bei welcher Gelegenheit das Prinzesschen das Pferd gesehen hätte, es wäre doch mit den Eltern auf einem Kreuzfahrtschiff gewesen. Da hätte es aber sicher keine Pferde gegeben. Das wäre schon richtig, gab das Prinzesschen zu.

Dieses Pferd wäre eben jenes, dass es während der Reise nicht auf der grünen Tapete seiner Kabine beim grasen hatte beobachten können, und das es deshalb bis eben vermisst hätte. Es hätte dieses Pferd also sehr wohl erlebt, nicht weil es da gewesen wäre, sondern gerade wegen seines Fehlens die ganze Reise über. Dem konnte und wollte der Lehrer nicht widersprechen, auch wenn es ihm schien als schicke das Pferd, das unser Prinzesschen malte, sich an, ihm die Zunge herauszustrecken.

Prinzesschen Gschwind im Zoo

Prinzesschen Gschwind besuchte mit seiner Schulklasse einen Zoo. Die Kinder konnten hier Tierfutter kaufen, das ein wenig aussah, wie Erdnussflips. Das sah so lecker aus, dass das Prinzesschen selbst davon probierte, und dann auf dem Weg zum ersten Gehege so viel davon naschte, dass endlich für die Tiere nichts mehr davon übrig war.

Auch hier gab es einen Automaten, an dem man Tierfutter kaufen konnte, aber das Prinzesschen hatte nicht genug Kleingeld einstecken, um den Automaten damit zu füttern. Zusammen mit Susi eilte das Prinzesschen zurück zur Kasse, um sich ein wenig Geld klein wechseln zu lassen. Mit dem Kleingeld bezahlte es den Automaten, der nun genug Futter ausspucken, dass es auch die Tiere damit füttern konnte.

Die meisten Kinder taten es unserem Prinzesschen gleich, und aßen mal selbst von den Maisflips, fütterten mal die Tiere damit. Von den Broten und anderen Mahlzeiten die ihnen ihre Eltern eingepackt hatten, aßen die meisten Kinder nichts. Die Tiere schienen sich nicht allzu sehr zu wundern, dass die Kinder dasselbe Futter aßen wie sie, jedenfalls beschwerten sie sich nicht darüber.

Als sie an ein Gehege mit Pferden kamen, fragte das Prinzesschen einen Tierpfleger, der dort gerade ein Schild neu festschraubte, ob sie den Pferden ihre Äpfel geben dürften. Dieser sah sich um, ob nicht noch weitere Besucher in der Nähe waren, und erlaubte den Kindern, dies ausnahmsweise zu tun. Die Pferde nahmen nicht nur die Äpfel gerne an, sondern ließen sich auch streicheln. Als sie am späten Nachmittag den Zoo verließen, waren die meisten Kinder enttäuscht, dass sie nicht noch länger hatten bleiben dürfen.

Prinzesschen Gschwind, Susi und die Plätzchen

Prinzesschen Gschwind und Susi wollten Plätzchen backen. Susis Vater hatte den Teig auf der Küchenzeile ausgerollt, den Damen je einen Tritt hingestellt, damit sie sich darauf stellen konnten und ein eingefettetes Backblech und Ausstechformen bereitgelegt. Susi wollte die Plätzchen ordentlich auf dem Backblech arrangieren, während das Prinzesschen sie ausstach. Wenn beim Ausstechen ein

Teigrest abfiel, aß ihn unser Prinzesschen. Wenn ein Plätzchen zerbrach, aß Susi es.

Die jungen Damen hatten große Freude beim Ausstechen der Plätzchen, während Susis Vater ein wenig fernsah, ab und zu rief, ob alles in Ordnung wäre und jedes Mal ein einstimmiges „Jaa!" vernahm. Irgendwann vermeldeten die Mädchen einstimmig, als hätten sie es einstudiert, „Wir haben keinen Teig mehr!", also kam er in die Küche, um das Backblech mit den Plätzchen in den vorgeheizten Ofen zu geben. Er musste laut lachen, denn da waren keine Plätzchen, keine Teigreste, nur zwei kleine, unschuldig-erwartungsvoll zu ihm heauflächelnde Zuckerbäcker.

Prinzesschen Gschwind beim Karneval

Prinzessin Gschwind erwachte. Ja, heute war sie eine richtige Prinzessin mit einer echten Krone, einem mit echtem Gold bestickten Kleid, mit Spitzen besetzten Söckchen und natürlich glitzernden Ringen und Ketten. Erschrocken, sie könnte verschlafen haben, sah sie auf die Leuchtziffern der Uhr auf dem Nachttisch. Puh! Erst acht. Schnell warf sie ihren Schlafanzug ab und schlüpfte in ihre Prinzessinnen-Gewänder samt Schleppe und Krone. Aufgeregt rüttelte sie Susi wach, kitzelte ihre Füße, zog

ihr an den Ohren und nahm ihr schließlich die Decke weg.

Die brummte, plapperte schlaftrunken etwas Unver-
ständliches und wollte sich wieder zudecken, doch
die resolute Prinzessin hatte ihr mittlerweile auch
noch das Kopfkissen weggenommen und zerrte nun
an ihrem Nachthemd, so dass sie endlich so etwas
wie „ja, okay ... ich komme ja" von sich gab, das
Nachthemd aus und sich ganz langsam ihr Kostüm
anzog, dabei ein Teil nach dem anderen vom Stuhl
nahm, richtig herum drehte und schön glatt strich.
Sie verkleidete sich als Hexe, als böse Hexe mit
schwarzer Stoffkatze und einem verwitterten alten
Reisigbesen. Aber jetzt hatte sie gerade erst das
Unterhemd und die Strumpfhose an, sie hätte sich
genauso gut als Schnecke verkleiden können, wie
Prinzessin Gschwind meinte, als sie den Raum verließ, um schnell auch Susis Onkel Benni zu wecken.
Nicht auszudenken, wenn der auch so lang bräuch-
te, seine Cowboy-Verkleidung anzuziehen!

Aber Benni the Kid war schon fertig, trug sogar bereits seinen Hut, brauchte bloß noch den Pistolengurt anlegen, der sicherheitshalber noch auf der
Stuhllehne hing, während er den Tisch fürs Frühstück deckte. Nicht auszudenken, wenn er aus ver-
sehen den Bäcker erschossen hätte, als er die Bröt-

chen holen ging ...

Als er die kleine Prinzessin erblickte, zog er ihr erst einmal das Kleid wieder aus. Oh, wie peinlich, im Halbdunkel des Gästezimmers hatte sie es mit den Nähten nach außen angezogen. Dank Benni, der es nun umkrempelte, musste sie sich nun aber später nicht vom Volk verspotten lassen. Er bekam sogar den Reißverschluss im Rücken zu, ohne ihr die Haare einzuklemmen, und er war dabei geschwind, so wie es die Prinzessin liebte.

Leckere Brötchen hatte er gekauft, und das Gelee und die Wurst mundeten königlich, auch der kleinen bösen Hexe, die endlich, aber immerhin korrekt gekleidet und vorschriftsmäßig mit Katze und Besen zu Tisch erschienen war. Was für ein Glück, dass der Karnevalsumzug direkt an Bennis Haus vorbeiführen würde. Sie sollten heute so viele Bonbons bekommen, dass alle Zahnärzte des Landes Angst bekämen.

Benni, der oft lustige Einfälle hatte, überließ seine Pistolen den Mädchen und steckte stattdessen Bananen in seinen Pistolengurt. Prinzessin Gschwind platzte fast vor Freude und sie ließ es sich nicht nehmen, kurz bevor sie das Haus verließen, auch Susi und Benni etwas von ihrem Glitzerstaub in die Haare zu geben, damit sie etwas feierlicher aussahen und jeder sofort erkennen konnte, dass sie alle drei zusammengehörten.

Prinzesschen Gschwind und der Katzengeburtstag

Heute hatte die Nachbarskatze Geburtstag. So hatte es Prinzesschen Gschwind eben beschlossen. Katzen lieben Fisch, wusste das Prinzesschen, also kaufte es gleich nach der Schule auf dem Markt geräucherten Lachs. Freudig klingelte es bei den Nachbarn und fragte, ob es dem Kätzchen diesen schönen Lachs geben dürfte. Die Nachbarin war sich aber nicht sicher, ob man Katzen geräucherten Fisch geben dürfte. Ihr Mann war fast sicher, dass so etwas der Katze nicht bekäme. Das Prinzesschen sollte den Fisch nur selbst essen und später auf ein Stück Kuchen herüberkommen.

Des Prinzesschens Mütterlein hatte noch nicht gekocht und war daher nicht verstimmt, dass das Kind den Lachs essen und dann das Kätzchen besuchen wollte. Einen Salat gab es noch schnell dazu, mehr mochten Majestäten nicht haben. Das war gut so, denn die Nachbarn hatten einen vorzüglichen selbstgebackenen Käsekuchen, von dem unser Prinzesschen so viel bekam, dass es wenig später mit dem schnurrenden Kätzchen auf dem Schoß im Schaukelstuhl der Nachbarn einschlief. So feiern

Katzen ihren Geburtstag gern, ganz gemütlich mit ihren Freunden.

Prinzesschen Gschwind im Bücherhimmel

Prinzesschen Gschwind las sehr gerne. Wenn dies auch noch etwas langsam ging, las es doch recht viel, immerhin zwei bis drei Bücher in der Woche. Heute war es zum ersten Mal alleine in der Bibliothek. Sooo viele Bücher! Und es durfte sich ausleihen, was es mochte.

Da waren so hübsche Bücher, dass es bald beide Hände voll hatte und sich ein kleines Rollregal nehmen musste, das in einem der Gänge zwischen den Regalen verlassen herumgestanden hatte. Bilderbücher, Märchenbücher, Atlanten, Lexika, Reiseführer, Witzbüchlein, Comics – hach, wie schön. Bald war das Rollregal voll, so dass das Prinzesschen entschied, nun die nette Dame an der Theke nahe des Eingangs zu bitten, ihm dabei behilflich zu sein, all seine Schätze in den Rucksack zu packen.

Doch die schaute erst sehr verdutzt, lachte dann Tränen und erklärte dem Prinzesschen, dass es doch nur fünf Bücher zugleich haben durfte. All die anderen Leser brauchten ja auch ein paar Bücher, aus denen sie wählen konnten. Zuerst war unser Prinzesschen bitter enttäuscht, dass es aus seinen

Schätzen nur so wenige auswählen sollte, aber als es bemerkte, wie schwer sein Rucksack schon von bloß fünf Büchern wurde, war es plötzlich froh, die anderen nicht mitnehmen zu dürfen. Und es freute sich sehr, dass die Bibliothekarin nicht böse war, jetzt einen Wagen voller Bücher wieder wegräumen zu müssen.

Prinzesschen Gschwind löscht ein Feuer

Prinzesschen Gschwind aß gern Pfannkuchen. An einem Sonntagmorgen buk ihm sein Vater einen Pfannkuchen in der Pfanne. Als das Telefon klingelte, verließ er die Küche und vergaß, den Herd abzuschalten oder die Pfanne von der Platte zu nehmen. Dem Prinzesschen fiel das nicht auf, denn es aß vergnügt seinen Pfannkuchen mit Erdbeergelee.

Plötzlich roch es verbrannt, ein helles Licht flackerte lodernd auf dem Herd. Die Flammen zündeten hungrig an den Küchenschränken. Das Prinzesschen erschrak furchtbar, als es dies sah. Sein Herz klopfte so laut, dass man es bestimmt bis zur Straße hören konnte. Hektisch sprang es auf und warf dabei seinen Stuhl um. Schnell wie der Wind hüpfte es zum Herd, griff hastig nach dem Topfdeckel, schlug ihn auf die Pfanne, schob diese eine Platte weiter und schaltete den Herd aus. Sein Herz klopfte ihm von den Füßen bis in den Hals, und es kreischte, „Es brennt, es brennt, es brennt!"

Sein Vater hatte den Telefonhörer fallen gelassen, war in die Küche gestürzt und sah nun erschrocken auf den leicht angekohlten Küchenschrank. Das Prinzesschen hatte zum Glück richtig reagiert, das Feuer in der Pfanne mit dem Topfdeckel erstickt und die Pfanne von der heißen Platte genommen. Der Vater nahm sein Prinzesschen in den Arm und beruhigte es. Nachdem sie sich beide vor dem Schrecken erholt hatten, stellten sie fest, dass der Küchenschrank nur etwas vom Ruß geschwärzt war. Nachdem sie ihn gründlich abgewischt hatten, konnte man den Schaden kaum noch sehen.

Leider war des Prinzesschens Pfannkuchen nun kalt, und es mochte ihn nicht mehr essen. Sein Vater buk schuldbewusst, und ganz stolz auf sein Prinzesschen, einen neuen. Diesmal achtete er darauf, dass er nicht vergaß, die Pfanne von der heißen Platte zu nehmen und den Herd abzuschalten. Unser Prinzesschen aß, nun wieder vergnügt, seinen neuen Pfannkuchen. Morgen würde es in der Schule allen von diesem Abenteuer berichten.

Prinzesschen Gschwind und der Wolf

Prinzesschen Gschwind, Susi und Michelle waren

auf den Spielplatz gegangen. Michelle trug wegen ihrer ausgegangenen Haare schon seit Wochen eine rote Mütze und wurde seither von den anderen Kindern Rotkäppchen gerufen. Darüber ärgerte sie sich nicht, sie fand es lustig.

Die drei blieben aber nicht auf dem Spielplatz, sondern unternahmen nun einen kleinen Waldspaziergang. Sie freuten sich über die zwitschernden Vögel, waren ganz aufgeregt, wenn sie ein Eichhörnchen entdeckten und winkten dem einen oder anderen Jogger, dem sie begegneten, zu. Sie vergnügten sich eine Weile im Wald und spielten Hänsel und Gretel, wobei Susi die Rolle der bösen Hexe übernahm, sich aber keine der anderen beiden so recht wohl in der Rolle des Hänsel fühlte. Eine Weile spielten sie Rotkäppchen, Michelle war natürlich das Rotkäppchen, bis ihnen ein wenig die Puste ausging und sie sich auf einer Bank ausruhten.

Während sie sich so auf der Bank kichernd und schnaufend räkelten, fiel noch jemand in ihr Schnaufkonzert ein. Das war ein Tier mit struppigem, schwarz-grauem, stellenweise weißem Fell. Ein Wolf! Ein großer, aber ganz lieber Wolf. Er ließ sich von allen drei Mädchen streicheln, und weil er ein so lieber Wolf war und außerdem ein Kettchen mit einem goldenen Anhänger besaß, musste er ein verwunschener Prinz sein.

Das Prinzesschen die Hexe und das Rotkäppchen freuten sich sehr und baten ihn, doch mit ihnen nach Hause zu kommen. Des Prinzesschens Heim lag ganz in der Nähe, und da der Prinz ein wenig unangenehm roch, ließen sie ihm dort ein feines Bad ein. Dieser Prinz schätzte das Baden jedoch nicht und sträubte sich, so dass die drei Damen und das ganze Badezimmer sehr nass wurden. Des Prinzesschens Mütterlein, das gerade nach Hause kam, spähte neugierig durch die Tür und wunderte sich sehr über den struppigen Vierbeiner in der Wanne. Es wusch diesen zu Ende, trocknete ihn ab und sah sich den goldenen Anhänger an seinem Kettchen genau an. Rudi hieß der Prinz, und er wohnte offenbar in der Nachbarschaft. Die Damen trockneten sich ab und tranken Tee mit dem Prinzen Rudi. Dieser mochte den Tee jedoch nicht, er trank stattdessen bloß Wasser. Auch von den leckeren Plätzchen nahm er nicht.

Als Tee und Plätzchen zur Neige gingen, klingelte es an der Tür. Es war Herr Müller, ein Nachbar, der seinen Rudi abholen wollte. Da hatte Rudi aber geschwindelt, er war gar kein Prinz, bloß ein Hund aus der Nachbarschaft, der ausgerissen war. Doch die Mädchen hatten ihn sehr in ihr Herz geschlossen und versprachen, ihn auch einmal besuchen zu kommen.

Prinzesschen Gschwind und der verschwundene Babysitter

Prinzesschen Gschwind verzog beleidigt das Gesicht. Sicher, Janosch war ein netter großer Junge und das Prinzesschen mochte ihn sehr, aber es war doch schon groß genug, selbst auf sich aufzupassen! Es war doch kein Baby mehr, das ein älteres Kind hüten und ins Bett bringen müsste!

Die Eltern ignorierten die Einwände ihres Kindes und seinen beleidigten Gesichtsausdruck. Janosch sollte es sich ruhig im Wohnzimmer gemütlich machen und etwas lesen oder sich einen der vielen Filme auf DVD ansehen. Sie hätten mit der Nachbarin ausgemacht, dass er dort ruhig klingeln dürfte, falls etwas passierte und für den Notfall lag am Telefon eine Liste mit Telefonnummern, auch ihre Handynummer und die des Notarztes und ...

Er sollte sich ruhig etwas Popcorn machen. Ja, das Popcorn für die Mikrowelle kannte er. Sie bedankten sich, dafür dass er auf das Prinzesschen aufpassen wollte, verabschiedeten sich von ihrem schmollenden Kind, versicherten nochmals, dass sie ja spätestens kurz nach Mitternacht zurückkämen und machten sich auf den Weg. Janosch fragte das Prinzesschen, ob es etwas spielen mochte oder vielleicht einen Film anschauen. Aber es war noch immer aufgebracht und wollte in Ruhe gelassen werden.

Es verzog sich in sein Zimmer und spielte mit seinen Puppen. Darunter war auch ein großes grünes Krokodil, das immer lächelte und dabei seine gefährlichen Zähne zeigte. Das sollte den Janosch fressen, wünschte sich das Prinzesschen ärgerlich, dann könnte es auf sich selbst aufpassen und tun und lassen, was es wollte. Es trank noch etwas Tee mit seinen Puppen und richtete das Puppenhaus, eine große Villa, neu ein.

Und tatsächlich reckte und streckte sich plötzlich das Krokodil, wurde riesengroß, so dass es fast an die Decke stieß, lief hastig ins Wohnzimmer und verschlang den arglosen Janosch in einem Happen! Das Prinzesschen erschrak furchtbar, sprang auf und lief hinterher. Das Wohnzimmer war leer, Janosch war verschwunden und das Krokodil auch. Auf einmal angsterfüllt und mit Tränen in den Augen brüllte das Prinzesschen „Janosch!" und erwartete, dass er vielleicht aus dem Bauch des Krokodils zurückkriefe. Wenn es ganz lieb darum bäte, wäre das Krokodil sicher so nett, ihn wieder auszuspucken.

Doch er antwortete nicht und unser Prinzesschen schrie ganz laut nach ihm und begann, richtig zu weinen.

Da kam plötzlich ein zerzauster Kopf hinter der Lehne der Couch hervor. Janosch sah das Prinzesschen ganz verschlafen und verwirrt an. Janosch tröstete das Prinzesschen. Er war einfach vor Langeweile eingeschlafen, nachdem das Prinzesschen ihn alleine im Wohnzimmer zurückgelassen hatte. Und das Prinzesschen hatte auch nur geträumt, dass das Krokodil seinen Janosch gefressen hatte. Das liebe Krokodil würde so etwas niemals tun. Weil es erst acht Uhr war und außerdem keine Erwachsenen da waren, die etwas anderes hätten bestimmen können, sahen sie sich nun gemeinsam einige Märchen an und aßen Popcorn. Das Krokodil bekam auch etwas davon ab, schließlich hatte unser Prinzesschen es ganz zu unrecht beschuldigt, den lieben Janosch gefressen zu haben.

Prinzesschen Gschwind im Regen

Das Spazieren im Regen wird allgemein recht gering geschätzt. Prinzesschen Gschwind sah das ein wenig anders. Es mochte sehr, wenn der Regen hernieder prasselte, Blitze den Himmel erleuchteten und Donnerhall die Welt umfing. Auch machte es ihm nicht viel aus, nass zu werden. Also freute es sich über das Gewitter, das sich gerade austobte und über den Sturm, der den Leuten die Schirme entriss, und es tanzte juchzend durch die herabstürzenden Fluten. Die vollgelaufenen Schuhe quatschten lustig, die nassen Kleider und Haare klebten an seinem Körper, wenn es in die Pfützen sprang, und die anderen Menschen quiekten, wenn es sie dabei nass spritzte. Was für ein Vergnügen!

Seine Eltern kamen in diesem Unwetter nach Hause gelaufen, ebenso patschnass wie das Prinzesschen das sie sich im Vorbeigehen schnappten und sogleich ordentlich warm abduschten und gründlich abtrockneten. Dann gab es eine große Tasse Tee mit Honig. Unser Prinzesschen war sehr zufrieden und glücklich. Komisch, dass andere Leute den Regen nicht schätzten.

Prinzesschen Gschwind und die Riesenwaffel

Heute war Prinzesschen Gschwind auf dem Straßenfest. Es roch nach gegrillten Würsten, Waffeln, Senf und allerhand anderen Leckereien, die auf Straßenfesten dargereicht werden. Es gab Musik, Spielbuden und sogar ein kleines Karussell. Das Prinzesschen strebte zielsicher dem Verkaufsstand mit Waffeln entgegen, legte alles Geld, das seine

Eltern ihm gegeben hatten, auf den Tresen und verlangte „ganz viele Waffeln, bitte!"

Die Waffelbäcker waren vorbereitet, Nachbarn hatten das Prinzesschen schon angekündigt. So hatten sie bereits einige Waffeln fertig, und das Prinzesschen konnte gleich reinhauen. Außer den gewöhnlichen Waffeln, die auf jedem Teller Platz haben, buken sie auch Riesenwaffeln, beinahe ein halbes Backblech groß. Das Prinzesschen jubelte verzückt und konnte sein Glück kaum fassen. Für das viele Geld, das es bezahlt hatte, bekam es auch noch drei der Riesenwaffeln. Eine gab es seinen Eltern ab und die anderen zweit teilte es sich mit Susi und Michelle.

Pappsatt zog unser Prinzesschen sich mit seinen Freundinnen zu einem Mittagsschlaf zurück. Die drei träumten, sie wären nicht auf dem Straßenfest, sondern im Schlaraffenland gewesen und hätten sich durch ganze Berge von Waffeln gegessen.

Prinzesschen Gschwind und der kleine Feuerlöscher

Prinzesschen Gschwind fand den kleinen roten Feuerlöscher in der Küche geradezu bezaubernd. Im Vorübergehen streichelte sie ihn manchmal heimlich. Heute nahm sie ihn mit an den Esstisch.

Außer dem Prinzesschen und seinem Feuerlöscher war niemand zuhause. So konnte es unbehelligt Kekse und Schokolade frühstücken, bis es satt war. Aber der Feuerlöscher hatte sich gar nicht daran bedient.

Vielleicht mochte er lieber ein Feuerchen haben, dachte das Prinzesschen, holte Streichhölzer aus einer Schublade und zündete die Kerze an, die einsam inmitten des Esstisches nur darauf gewartet hatte. Dann lächelte es dem kleinen Feuerlöscher aufmunternd zu, zog seinen Sicherungsstift und drückte den Griff fest zusammen. „Zisch!" - Schaum sprühte aus seinem Rüssel, und das Prinzesschen versuchte, die Kerze damit zu löschen. Bis es die Flamme traf, verteilte es aber Schaum auf dem ganzen Tisch, den Stühlen und dem Boden ringsum.

Unseres Prinzesschens Vater kam gerade heim, und es rief ihm gleich zu: „Pappiii, Du brauchst den Feuerlöscher nicht mehr prüfen lassen, der löscht noch ganz toll!" Allerdings musste er ihn neu befüllen lassen, weil nun kein Schaum mehr darin war. Und weil er mit dem Aufwischen sehr viel Arbeit hatte, versprach ihm sein Prinzesschen, den Löscher erst wieder zu gebrauchen, wenn es wirklich nötig wäre.

Prinzesschen Gschwind und die Berge

Prinzesschen Gschwind hatte ein riesiges Fenster, das bis auf die Erde reichte, mit einer schönen weißen Gardine und wunderbaren blauen Vorhängen. Die Vorhänge kamen kaum zur Geltung, wenn sie offen waren, und zog man sie zu, war es finster im Zimmer und sie verdeckten die Sicht nach draußen und die schöne weiße Gardine.

Des Prinzesschens Freundin Heidi wusste auch keine gute Lösung. Vielleicht könnte das Prinzesschen ja einen Vorhang zuziehen und den anderen offen lassen? Nein, das war auch nicht schön. Aber das Prinzesschen hatte jetzt eine Idee. Als es Heidi für den schlechten Rat hatte rügen wollen, war ihm bei ihrem Namen etwas eingefallen. "Berge!" Beide strahlten fröhlich und machten sich eifrig mit einer großen Schere daran, etwa die untere Hälfte der blauen Vorhänge abzuschneiden - schön im zickzack-Muster, wie Berge eben. Es war wirklich gut geworden: Die Vorhänge bildeten nun den blauen Himmel über den weiß strahlenden Gardinenbergen.

Die beiden bewunderten eine Weile das Kunstwerk. Aber dann fiel den beiden auf, dass sich ihre Tat nicht völlig verbergen ließ. Man konnte den Vorhängen, auch wenn sie offen waren, ansehen, dass sie gekürzt worden waren.

Unser Prinzesschen wusste natürlich, dass seine Eltern es liebten und nicht allzu böse mit ihm sein würden. Aber vielleicht dürfte Heidi nicht bei ihm übernachten, wenn ihre Verwicklung in diese Angelegenheit herauskam. Das Prinzesschen versteckte Heidi also unterm Bett und lief zu seinen Eltern, klagend dass Heidi verschwunden wäre, als es nur kurz auf der Toilette gewesen war. Die Eltern taten, als glaubten sie die Geschichte und beruhigten ihr Prinzesschen, dass Heidi sicher nicht hinausgeschlichen wäre, sie hätten die Wohnungstür von ihrer Couch aus gut im Blick, solange die Wohnzimmertür offen stand.

Aber sie halfen, Heidi in allen Zimmern, ja selbst im Schuhschrank zu suchen und gaben sich sehr erleichtert und erstaunt, als sie sie nach ausgiebiger Suche unter des Prinzesschens Bett fanden.

Mit einem Blick auf die halbierten Vorhänge meinte des Prinzesschens Mütterlein schmunzelnd, zum Glück hätten sie Heidi ja nicht in den Bergen suchen müssen. Als die Kinder nun beichteten, dass sie diese Berge erschaffen hatten, sagte das Mütterlein: Gut, daran ließe sich nun auch nichts mehr ändern.

Zur Strafe müsse das Prinzesschen nun die abgeschnittenen Vorhänge behalten. Das versuchte, angesichts dieser Strafe ganz betrübt zu gucken, suchte nach Worten und brachte dann glücklich strahlend "Au, ja!" hervor. Die blauen Stoffreste machten sich übrigens gut als See am Fuße des Gebirges. Unser Prinzesschen und Heidi veranstalteten bis zum Abendessen noch viele Schiffsrundreisen mit den Puppen und Plüschtieren darauf.

Prinzesschen Gschwind und der Wunschbrunnen

Prinzesschen Gschwind begleitete sein kleines Tantchen Christine zum Markt. Das Tantchen war nicht gering an Wuchs, sondern klein in dem Sinne, dass es selbst gerade die Schule abgeschlossen hatte und sich nun um einen Studienplatz bewarb.

Mitten auf dem Markt stand ein Wunschbrunnen mit einigen versteinerten jungen Frauen darin, die splitternackt umeinander her tanzten. Es war ein heißer Tag und das Prinzesschen hätte am liebsten seinen Hauch von einem rosa Kleidchen abgestreift, um es den Nymphen im Brunnen gleichzutun. Es wusste, dass es das nicht sollte, doch der Brunnen zog es magisch an.

„Christinchen!", rief das Prinzesschen, und Christinchen eilte herbei. „Warum liegen da Geldstücke im Brunnen?" Christinchen war nicht ganz sicher, äu-

ßerte aber die Vermutung, dass Leute sie herein-
warfen, wenn sie sich wünschten, später einmal
hierher zurückzukehren. Während Christine noch
einiges einkaufte, träumte das Prinzesschen davon,
wie Leute sich gewünscht hatten, hierher zurückzukehren. Und wenn die sich dann in der Welt verirrt
hatten, sagten die, der richtige Moment zur Rück-
kehr wäre gekommen, so dass die Nymphen ihrem
Tanz unterbrachen, sie zu suchen und zurückzuho-
len.

Ob man sich auch etwas anderes wünschen konnte? Ein Eis vielleicht? Sofort? Das Prinzesschen
warf einen Zehner hinein. Platsch-blubb. Nichts
passierte. Eine Ewigkeit verging. Christinchen
huschte vorbei zum nächsten Stand. Eine weitere
Ewigkeit ging vorbei und das Prinzesschen war sicher, dass der Brunnen kaputt sein musste. Es zog
die Sandalen aus und hüpfte in das herrlich kühle
Wasser, um nach seinem Zehner zu fischen, tauchte unter, fand eine Münze, noch eine, weitere und
mehr dazu und hatte bald seine Händchen voll.

Jetzt stieg es triefend nass als Geld fressendes
Brunnenmonster aus dem Wasser, setzte sich auf
das Mäuerchen und zählte seinen Schatz. Es war
reich! Für zwei oder drei Kugeln Eis würde das ge-
fundene Geld wohl reichen. Also funktionierte der

Wunschbrunnen doch. Auch Christinchen freute sich sehr über den plötzlichen Reichtum unseres Prinzesschens und noch mehr, dass es seinem Tantchen auch eine Kugel Eis davon ausgeben wollte. Die Leute wunderten sich, sie wussten ja nichts von dem Schatz im Wunschbrunnen.

Tantchen Christine versprach, es auch nicht weiter zu erzählen, damit nicht der dicke Bürgermeister bald den ganzen Tag in dem Brunnen saß, wo er immer über leere Kassen klagte, sonst würde er vielleicht ein Frosch, und das Prinzesschen müsste ihn womöglich noch küssen, um ihn zu erlösen.

Prinzesschen Gschwind auf Reisen

Das Prinzesschen Gschwind sah von seinen wohlgeratenen Sandkuchen auf. Der Pilot hatte alle Fluggäste aufgerufen, augenblicklich ihre Plätze einzunehmen. Schnell packte das Prinzesschen seine Kuchen in den mitgebrachten Korb, griff seinen Schirm und eilte die Leiter hinauf, um seinen Platz neben dem Piloten einzunehmen. Die Flugbegleiterin führte ihren Sicherheitstanz auf, die Fluggäste schwatzten aufgeregt durcheinander, waren sich noch nicht einig, wo es hingehen sollte.

In die Karibik, soweit waren sie sich einig, aber über die genaue Insel stritten sie noch: Mallorca, Husum, Australien, Honolulu, New York, Paris? Der Pilot startete schon die Triebwerke: Blubb, blubb, wrumm! Sie hoben vom Spielplatz ab und erreichten Lichtgeschwindigkeit. Jetzt sagte er dem Computer, dass er alleine weiterfliegen müsste und wandte sich an seine Passagiere: „Willkommen auf dem Flug in die Karibik! Wir werden alle Inseln überfliegen, bitte springen Sie rechtzeitig ab. Wer seine Insel verpasst, muss für den Umweg extra bezahlen."

Die erste Insel kam, und das Prinzesschen stellte sich, weil es Copilot war, mit dem Schirm auf das Dach des Flugzeuges, um dem ersten Reisenden beim Abspringen zu helfen. Einige Inseln lagen dicht beieinander, so dass die Fluggäste ihm den Schirm nach ihrer Landung schnell wieder heraufreichen mussten, damit der nächste abspringen konnte. Familien benutzten den Schirm gemeinsam.

Unser Prinzesschen sprang mit seinem Piloten zusammen auf dem Mond ab. Sie ließen das Flugzeug in der Umlaufbahn kreisen, bis die ersten Urlauber anrufen würden, um wieder nach Hause zu fliegen und aßen den guten Käsekuchen, den man nur hier auf dem Mond bekommen konnte. Der Sandkuchen aber war für des Prinzesschens Tantchen, das hier auf dem Mond auf einer Bank wohnte und ein Buch las.

Prinzesschen Gschwind aß einmal seinen Teller nicht leer

Als das Prinzesschen Gschwind einmal seinen Teller nicht leergegessen hatte, weil es Suppe nicht sehr schätzte, wurde doch tatsächlich das Wetter schlecht. Dunkle Wolken zogen herauf, es begann zu regnen und aus war es mit dem geplanten Picknick. Das Prinzesschen sah seine Mutter böse an, als hätte diese Schuld daran, weil sie es witzig fand, zu behaupten, es gäbe schlechtes Wetter, wenn ein Kind seine Mahlzeit nicht aufäße. Es half auch nicht, dass das Prinzesschen nun den Rest seiner Suppe doch noch aß. Das Wetter blieb schlecht, und das Prinzesschen schimpfte sehr mit seiner Mutter, dass es solches herbeigeredet hatte.

Der tat es sehr leid, dass das Picknick nun ins Wasser fiel. So schlug sie vor, das Picknick einfach im Wohnzimmer abzuhalten. Das Prinzesschen durfte dazu auch seine Freundinnen Susi und Michelle einladen. Heidi war schon da. Sie hatte ihre Suppe vergnügt gegessen und war auch gar nicht enttäuscht über den Regen, hatte sie doch schon in der Nacht geträumt, dass Teller und Tassen und der gute Kuchen wegschwömmen. Im Wohnzimmer konnte ihnen das sicher nicht passieren. Nachdem sein liebes Mütterlein das Wohnzimmer ein wenig freigeräumt, den Teppich weggerollt, den Tisch beiseite geschoben und die Vorhänge vor das hässliche Wetter gezogen hatte, strahlte unser Prinzesschen wieder, und noch mehr, als Susi und Michelle endlich eingetroffen waren und sie auf dem Wohnzimmerboden eine große Decke und darauf das schönste Tee-Service und den Kuchen ausbreiten konnten. Bald genossen sie, unangefochten vom Gerumpel jenseits der Vorhänge, Tee und Kuchen.

Das Prinzesschen erzählte, als wäre es eine überlieferte längst vergangene Geschichte, wie der Regen begonnen hatte, nachdem es eigentlich beschlossen hatte, seine Suppe dem Ausguss anzuvertrauen, da tropfte es plötzlich pitsch-patsch in seinen Tee und auf das verbliebene Stück Kuchen, das keines der Kinder mehr zu essen geschafft hatte. Die Damen sahen von ihrem Tee auf und sahen, wie dicke Tropfen am Kronleuchter hingen, einer nach dem anderen herabfielen, immer mehr, immer schneller.

Des Prinzesschens Mutter schrie entsetzt auf, stürmte aus der Tür und klingelte bei der Nachbarin im nächsten Stockwerk Sturm. Diese hatte bereits entdeckt, dass ihre Waschmaschine ausgelaufen war und wischte auch schon den kleinen See auf, der sich bis ins Wohnzimmer erstreckte. So hörte es schnell auf, durch die Decke zu tropfen. Die Versicherung sollte für den Schaden aufkommen, versprach sie. Unser Prinzesschen und seine Freundinnen waren höchst beeindruckt. Sie verstanden schon, dass der übriggelassene Kuchen nicht Grund für diesen unerwarteten Regenguss von der Zimmerdecke war, doch glauben wollten sie an solchen Zufall nicht recht und umarmten Prinzesschen Gschwinds armes Mütterlein zum Trost und versprachen, künftig nichts mehr übrig zu lassen, in diesem verwunschenen Haus.

Prinzesschen Gschwind bekommt ein Brüderchen

Das Prinzesschen Gschwind hatte ein Brüderchen bekommen. Mamas Bauch war immer noch recht dick. Wenn das Brüderchen gut geworden wäre, könnte es also vielleicht noch nach einem zweiten fragen. Endlich war es gewickelt, und das Prinzesschen durfte einen Blick darauf werfen und es vorsichtig streicheln. Die Eltern waren wahnsinnig stolz, daher sagte es nichts. Aber war das Brüderchen nicht furchtbar missraten, so kahl und schrumplig? Wie erwähnt sprach es das aber nicht an, um seinen Eltern den Spaß nicht zu verderben.

Am Nachmittag besuchte das Prinzesschen seine Freundin Michelle. Die sollte auf den Markt gehen und ein paar Kleinigkeiten einkaufen. Das traf sich gut – gegenüber des Marktplatzes lag eine Kirche. Dort, so hatte das Prinzesschen einmal gehört, wohnte Gott, der die Menschen gemacht hatte. Michelle kam gerne mit in die Kirche. Zusammen konnten sie die sehr schwere Türe öffnen und traten in einen sehr großen Raum, eine richtige Halle, in der es ein Echo gab. Niemand war zu sehen, also rief das Prinzesschen aus voller Kehle: „Hallo! Bist du da?" Daraufhin erschien ein Herr, der erklärte, hier müsste man still sein. Das war sicher nicht Gott. Ob er hier der Chef wäre, wollte das Prinzesschen wissen und hörte aus der Antwort heraus, dass dies wohl so war.

Es wollte bei seinem Brüderchen eine Nachbesserung haben, so kahl und schrumplig könnte es ja nicht bleiben. Und es könnte wohl etwas leiser schreien und bis Weihnachten laufen und sprechen lernen. Der Mann lachte laut auf, entschuldigte sich sogleich und versicherte dann, dass sich das alles noch ergäbe. Das wäre ähnlich wie mit Bananen, die man zum Reifen noch etwas liegen ließe. Wie beim Käse, wandte Michelle ein, deshalb würden Babys wohl auch von Zeit zu Zeit zu riechen beginnen.

Das war gut so. Michelle und unser Prinzesschen verabschiedeten sich höflich, winkten Jesus und den anderen hölzernen Leuten zu, die da und dort in einer Nische standen, und beeilten sich, Michelles Mutter die Einkäufe zu bringen, nicht ohne unterwegs je ein Eis zu kaufen.

Prinzesschen Gschwind: Sperrmüll

Das alte Kinderbett sollte auf den Sperrmüll. Prinzesschen Gschwind hatte ein schönes großes Himmelbett bekommen, mit leuchtenden Sternen, die es mit einem Schalter ein- und ausschalten konnte.

Seine Eltern trugen das alte Bett mühsam hinaus an die Straße. Dort türmten sich schon alte und kaputte oder einfach scheußliche Sachen, die andere Leute hinausgestellt hatten. Das Prinzesschen hatte kürzlich von einem Nachbarn einen praktischen Steck-schraubendreher geschenkt bekommen, den es jetzt ausprobieren wollte. Eifrig fiel es über den Ramsch her. "Das ist wie Weihnachten", freute es sich. Sorgsam montierte es messingne Kleiderha-ken von einer halb zertrümmerten Tür ab, rettete auch die Türklinken und Schlüssel, schraubte einen Kuckuck von seiner Uhr, eignete sich unterschied-lich klingende Topfdeckel an und sammelte Türgriffe von einem alten Schrank ab, während seine Eltern am Rande des Sperrmüllhaufens standen und noch unschlüssig waren, ob sie lachen oder vor Scham die Häupter senken sollten. Also taten sie beides zugleich, während ihr Kind über die vermeintlichen Schätze herfiel. Da fand sich auch eine Babypuppe mit Schlafaugen, die aber nur eines schloss, als das Prinzesschen sie auf den Arm nahm - "Schaut mal, sie hat ein Glasauge und ein gutes.", lachte das Prinzesschen und fand auch gleich einen Kinder-rucksack voller Puppenkleider, den es sofort auf-setzte, eine Kindernähmaschine und einen ganzen Waschkorb voll echten Porzellans. Das Prinzess-chen strahlte seine Eltern so süß an, dass sie ihm erlaubten, all seine Schätze zu behalten. Sie waren aber froh, dass es sich für den großen hässlichen Schaukelstuhl, den es anfangs ausprobiert hatte, nun wohl doch nicht interessierte.

Sie waren schon auf dem Weg nach Hause, da drehte unser Prinzesschen noch einmal um und holte eine messingne Tischlampe in Form einer Elfe. Der Lampenschirm fehlte, aber das war nicht schlimm. Sein Vater könnte ja den Abendkurs zum Basteln von Buntglaslampen besuchen und dort einen schönen bunten Lampenschirm machen.

Prinzesschen Gschwind macht Termine

Seit das Prinzesschen Gschwind ein Brüderchen hatte, waren seine Eltern viel mit diesem beschäftigt und fanden für das Prinzesschen oft weniger Zeit als früher. Und wenn sie dann Zeit hatten, das Baby gerade zufrieden und ruhig war und sie sich nun gut um ihr Prinzesschen kümmern könnten, mussten sie feststellen, dass dieses immer erst in seinem neuen Terminkalender nachsehen musste, ob es überhaupt Zeit für seine Eltern hätte. Mal war es bereits mit Heidi und Susi verabredet oder mit Michelle, mal mit seinem Tantchen, der Nachbarskatze, seinen Puppen oder es hatte sich einen Termin freigehalten, um seinen Terminkalender zu pflegen. Aber wann immer es gerade Zeit hatte, schob es seine Eltern gerne noch kurz ein.

Wenn allerdings sein Brüderchen ein Geräusch machte, oder wenn es zufällig an seinem Zimmerchen vorbeikam, sah das Prinzesschen nach ihm, streichelte es durch die Stäbe des Gitterbettchens und sang ihm, wenn es nötig schien, zum Einschlafen Weihnachtslieder vor. Wenn es ihm Abends Märchen vorlas, schlummerte es immer schon nach ein oder zwei Seiten ein – nicht das Baby, das quietschte und gluckste vergnügt, sondern unser Prinzesschen. Die Eltern trugen es dann in sein Himmelbett, zogen es aus und deckten es zu.

Nach einigen Wochen kam unser Prinzesschen zur Erkenntnis, dass so ein Terminkalender eine rechte Plage wäre, und es mit ihm mehr plante, als es ohne ihn vorgehabt hätte. Es schaffte diesen Quälgeist wieder ab und hatte plötzlich wieder viel mehr Zeit für alle Menschen, die es liebte.

Prinzesschen Gschwind und die Krabbelgruppe

Prinzesschen Gschwind freute sich. Heute traf sich die Krabbelgruppe seines Brüderchen in seinem

Wohnzimmer. Darauf hatte das Prinzesschen sich gut vorbereitet.

Es hatte geübt, wie ein Baby herumzuquaken, strampelnd auf dem Bauch zu liegen oder auf dem Rücken liegend mit Ärmchen und Beinchen in der Luft herumzurudern. Eben hatte es sich noch ein Fläschchen mit ungesüßtem Tee gefüllt und seine Kleider gegen eine Windel getauscht, die es mit Paketklebeband zusammenheften musste, weil sie etwas zu klein war. Nun lag es mit seinem Brüderchen strampelnd und krabbeln mitten im Wohnzimmer und nuckelte an seinem Tee. Die anderen Babies kamen pünktlich, begleitet von Müttern oder Vätern, die das Prinzesschen amüsiert begrüßten und lobten, was für ein hübsches Baby es abgab.

Mit dem letzten Baby und seiner Mutter kam auch Jan aus des Prinzesschens Schulklasse. Er lachte zuerst, stellte dann aber gleich klar, er würde sich keinesfalls in Windeln auf den Boden legen. Und ekligen Tee würde er höchstens aus einem Glas trinken. Unser Prinzesschen war sehr verständnisvoll und tauschte sogleich seine Windel gegen ein Kleid. Darüber war Jan so erleichtert, dass er ihm sogar half, es zuzuknöpfen und darüber hinaus bereit war, mit dem Prinzesschen und seinen Puppen Tee zu trinken, wenn es nur echter Tee war, und wenn schon kein Kuchen, dann wenigstens richtige Kekse im Spiel waren und er neben einem Bären und dem Froschkönig sitzen durfte.

Prinzesschen Gschwind, Jan und der Nussknacker

Jan besuchte das Prinzesschen Gschwind mit einer Menge schöner großer Walnüsse und einen Nussknacker. Das war ein hässlicher kniehoher hölzerner Kerl mit großem Mundwerk, das sich durch einen Hebel am Rücken öffnen und schließen ließ. Sie knackten damit vergnügt recht geräuschvoll einige der Nüsse, die vortrefflich schmeckten, eine nach der anderen, bis plötzlich ein Stück Schale den Nussknacker blockierte, so dass er seinen riesigen Kiefer nicht mehr schließen konnte.

Jan war erst verärgert und wollte die restlichen Nüsse mit dem Nussknacker aufschlagen. Prinzesschen Gschwind aber beruhigte ihn und schlug vor, eine Notoperation zu wagen. Sie banden sich Lätzchen um Mund und Nase und operierten mit Schraubendreher, Zange und Hammer. Sie waren erfolgreich und entfernten das verklemmte Stück Schale.

Doch der Nussknacker wollte danach nicht recht genesen, schaffte noch drei, vier Nüsse und verschied an einem gebrochenen Hebel. Feierlich bestatteten sie ihn im Mülleimer und erbaten sich fleißig eine Menge Kekse für die Abschiedsfeier. Unser Prinzesschen und Jan gedachten feierlich schmausend des hässlichen, aber bis zum Ende klaglos fleißigen Helfers.

Prinzesschen Gschwind und das Knöpfchen

In einem hübschen roten Kästchen wartete ein kleiner dicker schwarzer Knopf darauf, gedrückt zu werden. "Tief drücken" stand darunter, um jeden Zweifel auszuräumen. Oft tippte das Prinzesschen Gschwind zum Spaß auf die Glasscheiben dieser Kästchen. Wirklich drücken durfte man, das wusste das Prinzesschen, solche Knöpfe nur, wenn man die Feuerwehr brauchte.

Auch diesmal tippte das Prinzesschen. Klack! Oh, diesmal war wohl keine Scheibe da gewesen. Unser Prinzesschen schaute ganz schön zerknirscht, und als eine Sirene zu heulen begann, duckte es sich, als wollte es sich so klein machen, dass keiner es mehr sah. Die Lehrer trieben ihre Schüler allesamt aus dem Schulgebäude. Mit großem Radau fuhr auch schon die Feuerwehr vor. Schläuche wurden ausgerollt, Feuerwehrmänner fragten Kinder und Lehrer, wo es denn brenne - keiner wusste es.

Ganz kleinlaut meldete sich das Prinzesschen beim Brandmeister und gestand, wie es den Feueralarm unbeabsichtigt ausgelöst hatte. Zum Glück war ihm niemand wirklich böse, und weil sowieso eine Feuerwehrübung anstand, übten sie eben heute. Unser Prinzesschen und einige andere Kinder durften sich sogar aus der Schule retten lassen, obwohl ihnen gar nichts fehlte.

Prinzesschen Gschwind und der Elefant im Porzellan

Prinzesschen Gschwind wollte den Frühstückstisch decken. Es schob einen Stuhl an die Küchenzeile, kletterte darauf, öffnete die Türen des Hängeschrankes und bemühte sich, Teller aus dem Stapel zu ziehen. Der Schrank, an dem das Prinzesschen sich festhielt, knackte und neigte sich. Teller und Tassen ergossen sich in einem Schwall auf den Küchenboden.

Erschrocken huschte das Prinzesschen in sein Zimmer, schrieb auf einen Zettel „Tut mir Leid", legte diesen vor die Zimmertür und setzte seinen blauen Stoff-Elefanten darauf. Seine Eltern ärgerten sich zuerst, aber als sie den Elefanten mit seinem Zettel fanden, lachten sie laut über den Elefanten, der wohl im Porzellan gewesen wäre.

Prinzesschen Gschwind und die Buchstabenkekse

Kekse sind toll. Fast jedes Kind mag Kekse, und Prinzesschen Gschwind mochte fast jeden Keks. Besonders liebte es Buchstabenkekse. Damit konnte es Namen legen und andere Wörter, bevor es sie aß.

Wenn es sein Mütterlein beim einkaufen begleitete, schmuggelte es manchmal ein Päckchen Buchstabenkekse in den Einkaufswagen. Es freute sich dann sehr, wenn dieses tat, als hätte es davon nichts bemerkt und ihm die Kekse überließ.

Ein neuer Schüler in des Prinzesschens Klasse hieß Max. Als es diesen Namen mit Buchstabenkeksen legen wollte, war es bitter enttäuscht, kein „X" in der Packung zu finden. Schnell suchte es all sein Taschengeld zusammen, lief in den Supermarkt und kaufte eine neue Packung Buchstabenkekse, eilte nach Hause und riss aufgeregt die Verpackung auf, um vorsichtig alle Kekse auf seinem Schreibtisch auszubreiten. Leider fand sich darunter auch kein

„X". Das Prinzesschen holte sein Porzellan-Sparschwein vom Schrank, rief „Quiek, quiiek!" und hatte schon einen Hammer in der Hand, um es zu zerschlagen. Da fiel ihm ein, dass seine Eltern es gebeten hatten, nicht so roh zu Sparschweinen zu sein, sondern einfach den Stöpsel an der Unterseite herauszunehmen. Jetzt befolgte es diesen Rat und nahm alles angesparte Geld heraus.

Schnell kaufte es dafür zwei weitere Portionen Buchstabenkekse. Die Wut trieb ihm Tränen in die Augen, als es feststellte, dass sich auch in der dritten Packung kein „X" fand. Die vierte Fuhre Buchstabenkekse stimmte unser Prinzesschen endlich wieder freudig, denn nun hatte es alle Buchstaben des Alphabets zusammen – etliche davon freilich vielfach. Es legte daraus die Namen aller Mitschüler, die es zu schreiben wusste. Dann rief es seine Freundinnen an, damit sie ihm halfen, all die Kekse aufzuessen.

Später schrieb unser Prinzesschen einen Beschwerdebrief an den Hersteller der Buchstabenkekse, weil es so viele hatte kaufen müssen, um alle Buchstaben des Alphabets zu erhalten. Nach einigen Tagen erhielt es eine Antwort. Der Hersteller entschuldigte sich für des Prinzesschens Unannehmlichkeiten. Leider wäre nicht zu garantieren, dass je ein vollständiges Alphabet verpackt würde, weil die kleinen Elfen, die dies täten, allesamt nicht recht lesen und schreiben könnten. Sie bissen auch bisweilen Buchstaben an, was hin und wieder Beschwerden über halbe Buchstaben einbrächte. Um unser süßes Prinzesschen gewogen zu stimmen, hatten die Elfen höchstpersönlich noch ein Päckchen Buchstabenkekse beigefügt, von der Firmenleitung jedoch extra darauf hinweisen lassen, dass diese ebenfalls keinen Anspruch erhob, ein vollständiges Alphabet zu enthalten. Das Prinzesschen freute sich sehr über diesen Brief und hob ihn sorgfältig auf. Die Kekse hingegen fanden irgendwie den Weg in die Mägen des Prinzesschens und seiner Freundinnen.

Prinzesschen Gschwind und der kleine Wecker

Es ist noch nicht lange her, da saß ein kleiner Wecker in einem alten Schrank versteckt in einem Laden für gebrauchte Möbel. Es war ein alter mechanischer Wecker mit Leuchtzeigern, die jetzt freilich nicht mehr leuchteten, weil er schon sehr lange in diesem dunklen Schrank saß. Er war ganz aus Blech gemacht, und hatte geflügelte Schräubchen am Rücken, damit man ihn aufziehen konnte. Doch dies hatte schon lange niemand mehr getan. Er wollte vor Langeweile schon beginnen, zu rosten.

Irgendwann öffnete dann aber doch jemand die Schranktür, entdeckte den schönen Wecker. Er war ringsum rot lackiert, nur seine Füße, die Schlüssel zum Aufziehen an seiner Rückseite und die Glocke, die er wie einen Hut trug, hatten einen golden leuchtenden Kupferglanz. Sein Ziffernblatt zierten schön entworfene Zahlen, aber keine Bildchen, wie dies bei modernen Uhren manchmal vorkommt.

Nachdem er aufgezogen war, tickte er fleißig und maß die Zeit genau. "Oh, wie schön!", rief Prinzesschen Gschwind verzückt und sein Vater, der diesen Wecker eben entdeckt hatte, mußte ihn unbedingt kaufen, was er auch kosten mochte. Der Händler war freundlich und gab ihnen den Wecker kostenlos zu der Kommode, die sie kauften, dazu. Unser Prinzesschen war sehr glücklich und ließ sich gerne von der wohltönenden Glocke seines Weckers aufwecken. Auch der kleine Wecker freute sich sehr, dass er nun das Prinzesschen beim Großwerden begleiten durfte, und wenn das Kind gerade einen schönen Traum hatte, klingelte er erst ganz sanft, tickte im Takt dazu und rief ganz leise: "Wach auf, ein neuer Tag ist angebrochen.", und das Prinzesschen streichelte seinen Wecker dann, bevor es sein Läutwerk wieder aufzog und versprach, ihn gut zu pflegen, dass er ein ganzes Leben halte.

Eines Morgens verschliefen des Prinzesschens Eltern, die nicht einen solch wunderbaren Wecker besaßen. So musste es sein Frühstück alleine einnehmen. Michelle und ihre Eltern hatten wohl ebenfalls verschlafen, denn sie öffneten auch nach mehrmaligem Klingeln nicht. Also lief das Prinzesschen alleine zur Schule. Doch die war geschlossen. Hatten etwa auch die Lehrer verschlafen? Stirnrunzelnd sah das Prinzesschen auf seine Uhr. Es war schon acht. Hoppla, Sonntag! Unser Prinzesschen lachte nun sehr über sich selbst und hüpfte vergnügt nach Hause.

Prinzesschen Gschwind im Museum

„Alte Sachen angucken?", Fragte Prinzesschen Gschwind, als es das Wort Museum hörte. „Nein, Du Dussel.", Entrüstete sich Peter, „Kunstwerke." Einige andere Kinder stöhnten und quasselten durcheinander auf das Prinzesschen ein, das nur „Bilder" und „Statuen" heraushören konnte. Frech grinsend fragte es gleich noch in die Runde: „Alte Bilder?", worauf seine Freunde mit den Achseln zuckten, mindestens ein anderes Kind ihm aber einen Vogel zeigte. Ihre Lehrerin hatte vor der Fahrt und eben in der Bahn wohl erklärt, was sie zu sehen bekommen sollten, nur das Prinzesschen hatte währenddessen eine Geschichte von einem Mädchen mit einem Hexenbuch gelesen und nun aß es hingebungsvoll einen Apfel. So achtete es nicht weiter auf die großen und kleinen Leute aus Stein im Garten vor dem Museum. Und als es vernahm, sie sollten noch etwas warten, setzte es sich mit seinem Apfel auf einen kleinen steinernen Hocker.

Es blitzte kurz auf, und Peter hielt dem verdutzten Prinzesschens seine Kamera vor die Nase. Auf dem kleinen Monitor konnte es deutlich einige hübsche marmorne Leute sehen, die nackt oder in dünnen Kleidern auf steinernen Podesten standen und gedankenverloren in die Gegend schauten oder ihre Muskeln zeigten. Eine steinerne Frau sprach mit einem steinernen Vögelchen auf ihrer Hand und ein kleines Mädchen in einem weißen Sommerkleid und rosa Sandalen mit einer grünen Schleife in den Haaren saß inmitten der Steinleute auf seinem Sockel, ließ die Beine baumeln und biss genussvoll in seinen Apfel. Die Lehrerin hatte inzwischen eine Führung organisiert.

Die Museumspädagogin, die sie herumführen wollte, lachte als sie das Foto sah, auf dem unser Prinzesschen Teil der Freilichtausstellung geworden war und bat Peter, ihr das Bild zukommen zu lassen, um es im Museum aufzuhängen, wenn des Prinzesschens Eltern einverstanden wären.

Prinzesschen Gschwind adoptiert ein Kind

„Schau mal Mami!", frohlockte Prinzesschen Gschwind als es zur Tür hereinkam, „Ich habe ein Baby adoptiert!" Des Prinzesschens Mütterlein kochte gerade das Mittagessen und rief aus der Küche zurück, „Schön, mein Schatz!", rührte für einen Moment nachdenklich in der Spaghettisauce und rief, als das Prinzesschen nicht gleich in die Küche kam, „Prinzesschen, zeigst du mir das Baby mal?" Da kam es stolz erhobenen Hauptes in die Küche geschritten, ein kleines rothaariges Mädchen von vielleicht zwei Jahren in einem hübschen rosa Kleidchen an der Hand.

Beide strahlten fröhlich, und die Kleine winkte mit der freien Hand und plapperte „Hallo – hallo." - „Hallo, wer bist du denn?", fragte des Prinzesschens Mutter etwas besorgt dreinschauend. Der kleine Rotschopf gab nur ein freudiges „hihi" von sich, und unser Prinzesschen zuckte mit den Schultern und sagte dann schnell, „Wir können sie Pippi Langstrumpf nennen.", worauf die Kleine ein paarmal hüpfte und dabei vergnügt „Pippi – Pippi – Pippi!" jubelte. Des Prinzesschens Mütterlein stellte den

Herd aus, kniete sich auf den Küchenboden, sah das Prinzesschen wirklich sorgenvoll an und fragte, woher es das kleine Mädchen denn hätte. „Gefunden, auf dem Spielplatz.", Sagte das Prinzesschen ganz ernst und erklärte, dass dort weit und breit keiner gewesen wäre, zu dem das kleine Kind gehörte. Es waren keine Erwachsenen da, und von den anderen Kindern kannte keines das kleine Mädchen.

Nun gingen sie zu dritt auf dem Spielplatz und unseres Prinzesschens Mütterlein erfuhr, dass tatsächlich keiner das Mädchen kannte, das nun „Pippi, Pippi" lachte, wenn man es nach seinem Namen fragte. Und auf die Frage, wo es wohnte, sagte es lächelnd, aber ganz ernst: „Bei der Mami." Aber auf die Frage, ob es wüsste, wo das ist oder wie seine Mami hieß, schüttelte es so wild den Kopf, dass seine Haare nur so durch die Luft flogen.

Sollten Sie vielleicht die Polizei rufen? Das kleine rothaarige Mädchen fand das toll, hüpfte im Kreis und rief „Polizei, Polizei, Polizei!"

Unser Prinzesschen hatte aber eine bessere Idee: sein Mütterlein sollte kurz mit der kleinen Pippi, so hieß sie jetzt erstmal, auf dem Spielplatz warten, und das Prinzesschen wollte mit all den anderen Kindern nach der Mutter der Kleinen suchen. Bestimmt suchte die auch schon nach ihrem Kind, so würden sie sie schnell finden. So war es. Das Prinzesschen und Michelle fanden zwei Straße weiter auf einem Spielplatz eine Frau mit roten Zöpfen und einem grünen Kleid, die lauthals nach einer Paula rief. Sie weinte vor Freude, als sie ihr Paulinchen wieder bekam. Die drehte sich lachend im Kreis und rief: „Pippi, Pippi!", sobald sie ihre Mami sah, drückte und küsste sie gleich stürmisch und umarmte dann jedes Kind, das geholfen hatte, sie zu finden.

Prinzesschen Gschwind bäckt Kuchen

Prinzesschen Gschwinds Oma Lenchen sollte zu Besuch kommen, deshalb wollte sein Mütterlein einen Kuchen backen.

Das Prinzesschen freute sich sehr. Es glaubte, nun wäre endlich die Zeit gekommen, dass sein Mütterlein den Zwiebelkuchen büke, um den es schon lange gebeten hatte. Es hatte nämlich noch nie so einen Zwiebelkuchen gegessen.

Der Teig war schon vorbereitet und auf dem Backblech ausgebreitet. Weil sein Mütterlein noch Kaffee und Sahne kaufen musste, bat es das Prinzesschen, den Kuchen währenddessen schon einmal mit Apfelstückchen zu belegen. Weil es auch ein kleines Geschenk für Oma Lenchen kaufen wollte, sollte das Prinzesschen, das Backblech, sobald der Kuchen belegt sein würde, auch gleich in den vorgeheizten Ofen schieben.

Also begann das Kind, den Kuchen zu belegen, während sein Mütterlein einkaufen ging. Es merkte aber bald, dass zu einem Zwiebelkuchen auch noch die Zwiebeln fehlten. Deshalb schälte und schnitt es einige Zwiebeln, belegte den Teig damit und gab dann die Apfelstückchen darüber. Sobald es damit fertig war, schob es den Kuchen in den Ofen. Während dieser buk, deckte das Prinzesschen den Tisch, räumte etwas auf und saugte sogar den Boden in seinem Zimmer.

Oma Lenchen kam gemeinsam mit des Prinzesschens Mütterlein, als gerade der Kuchen fertig war. Unser Prinzesschen schnitt ihn gleich an und tischte ein Paar Stücke auf. Oma Lenchen probierte von dem warmen Kuchen, verzog kurz das Gesicht, schaute verwundert und lachte dann laut los. Die Zwiebeln passten nicht gut in den süßen Apfelkuchen, deshalb hatte des Prinzesschens Mütterlein wohl ursprünglich auch keine hineingetan.

Prinzesschen Gschwinds Berufswunsch

Prinzesschen Gschwind sah von dem Buch auf, in dem es gerade las, „Mami, was ist eine Friseuse?" -

„das ist eine Dame, die Haare frisiert. Heute sagt man Friseurin." - „Ist das ein richtiger Beruf?", fragte das Prinzesschen, das seine Haare meistens von seinen Eltern frisiert bekam. Sein Mütterlein bestätigte das. Köche und Reinigungsfachkräfte übten auch Tätigkeiten aus, die in jedem Haushalt anfielen, aber als Fachleute könnten sie das besser als die meisten Leute. „Dann werde ich Friteuse, so wie der Mann am Hähnchengrill, der nichts anderes tun muss, als Pommes zu frittieren.", sagte das Prinzesschen verträumt. „Aber," wollte sein Mütterlein einwenden, „Friteuse ist kein Beruf, das ist ein Gerät zum ..."

Unser Prinzesschen lachte laut. Es wusste, dass sie selbst eine Friteuse im Küchenschrank hatten und freute sich, dass sein Mütterlein auf den Scherz hereingefallen war.

Prinzesschen Gschwind isst ein Pausenbrot

Prinzesschen Gschwind aß sein Pausenbrot. Es war nicht mit Gummibärchen in Gelee belegt, nur mit Käse. Ein Junge stellte sich grinsend vor es und spuckte auf den Boden. „Ist das ein Antrag?" fragte das Prinzesschen unbeeindruckt. - „Hä?" sagte der Junge. - „Ein Heiratsantrag." erklärte das Prinzesschen. Einige Kinder lachten. Das Prinzesschen setzte fort „Meine Oma sagt: was sich liebt, das neckt sich."

Der Junge grinste nicht mehr, er wurde langsam rot im Gesicht. „Und wenn Du mich liebst," sagte das Prinzesschen weiter „musst Du mir einen Heiratsantrag machen." Alle Kinder kicherten. Der Junge drehte sich um und lief weg. Unser Prinzesschen lächelte breit „Er ist noch etwas schüchtern." Jetzt lachte auch ein Lehrer, der das alles mitbekommen hatte.

Prinzesschen Gschwind und der Prinzesschen-Eintopf

Prinzesschen Gschwinds Mütterlein hatte versprochen, auf ein anderes Kind aufzupassen. Robby, den Sohn einer Freundin sollte bei ihnen übernachten. Die Freundin brachte ihn kurz vor Sieben Uhr abends vorbei. Das war der Junge, der dem Prinzesschen auf dem Schulhof vor die Füße gespuckt hatte. Jetzt war er höflich, sagte leicht errötend „Hallo", während er zum Gruß die Hand reichte. Das Prinzesschen schüttelte lächelnd seine Hand.

Kurz nachdem Robbys Mutter verschwunden war, bemerkte des Prinzesschens Mütterlein, dass es vergessen hatte, Eier für den Waffelteig zu kaufen. Die Kinder versprachen, sich zu benehmen und friedlich zu spielen, während es einkaufen ging.

Prinzesschen Gschwind wollte die Zeit nutzen, ein ausgiebiges Bad zu nehmen, ließ Wasser in die Wanne ein, zog sich aus und stieg hinein. Robby wollte zuerst mitbaden. Als er Pullover und Socken ausgezogen hatte, stellte er aber fest, dass er ein Kannibale war, der das Prinzesschen in seinem riesigen Topf kochte.

Er plünderte den Kühlschrank und schnipselte Karrotten, Gurken und Paprika klein, warf diese zum Prinzesschen ins Wasser, das einige Karrottenstückchen aufaß und tönte, seine Suppe wäre aber sehr fad. Der Kannibale Robby holte noch einige Zwiebeln und Knoblauchknollen, schnitt auch diese klein und gab sie in den Prinzesschen-Eintopf, außerdem noch eine Packung Salz, Erbsen, Mais, Tunfisch aus der Dose und geschälte Tomaten.

Des Prinzesschens Mütterlein kam zurück, und als es Gelächter aus dem Bad hörte, spähte es heimlich durch die Tür und sah, wie ein Robby-Kannibale einen leckeren Prinzesschen-Eintopf umrührte. Schnell holte es die Camera und machte ein schönes Foto davon. Das Prinzesschen musste sich natürlich noch einmal wirklich waschen und die Suppe wollte sein Mütterlein nicht aufheben, sondern fischte die Zutaten aus der Wanne und warf sie weg.

Als sie gegen 9 Uhr Waffeln aßen, betrachteten sie dabei das ausgedruckte Foto vom Kannibalen Robby beim Umrühren des Prinzessinnen-Eintopfes und beschlossen, es am Kühlschrank aufzuhängen. Unser Prinzesschen war sich sicher, dieser Junge hatte es zum Fressen gern.

Prinzesschen Gschwind und die Puppenfee

Das Prinzesschen Gschwind wünschte sich schon länger eine Garderobe ganz in rosa, so wie die kuschelweiche Feen-Puppe, die ihm eine nette Dame auf dem Flohmarkt geschenkt hatte. Als sein Mütterlein ausgerechnet von dieser Dame einen Karton voller Kinderbekleidung erhielt, glaubte das Prinzesschen, darunter sollte auch ein rosafarbenes Feen-Kleid zu finden sein. Wie enttäuscht war es, als es bloß weiße Kleider, Röcke, Blusen, Socken und Unterwäsche fand. Sein Mütterlein versicherte, die Feen in den Märchen trügen ganz sicher immer weiß. „Vielleicht vor tausend Jahren", dachte das Prinzesschen kopfschüttelnd. „Heute tragen Feen rosa!"

Als sein Mütterlein all die Kleidungsstücke, die schon einige Zeit in dem Karton gelagert hatten, in die Waschmaschine steckte, schmuggelte unser

Prinzesschen die Puppenfee dazu, mit der Bitte, doch vielleicht eines der sonst ganz hübschen Kleider rosa zu zaubern.

Als sein Mütterlein die Wäsche nach dem Waschen aus der Maschine holte, war unser Prinzesschen Gschwind ganz aus dem Häuschen und drückte dankbar seine frisch gewaschene, noch quatschnasse Fee, denn diese hatte seinen Wunsch fleißig erfüllt und sogar alle Kleider in der Waschmaschine ganz zartrosa eingefärbt.

Sein Mütterlein schüttelte schmunzelnd den Kopf, bat das Prinzesschen aber, die kleine Fee nicht noch einmal in die Wäsche zu schmuggeln, damit nicht noch andere Kleider rosa würden.

Prinzesschen Gschwind und die Kunst

Prinzesschen Gschwind hatte sein Zimmer neu tapeziert und rosa gestrichen bekommen. Jetzt war die Farbe trocken. Während seine Eltern den neuen Schrank kauften, durfte das Prinzesschen, das zu hause geblieben war, schon einmal planen, wie es seine Möbel stehen haben wollte. Als es sein frisch renoviertes Zimmer betrat, fiel sein Blick auf die neuen Farben die ihm seine Oma kürzlich mitgebracht hatte, und es dachte, jetzt wäre der richtige Augenblick, sie auszuprobieren, denn der Boden war noch mit einer Kunststoffplane abgedeckt.

Geschwind zog es seine Kleider aus und legte sie in den Flur, damit sie nicht voller Farbe würden. Dann öffnete es die Farbdosen mit einem Küchenmesser, tauchte in jede einen Pinsel und malte zuerst eine grüne Wiese mit ganz vielen Blumen ringsum auf die Tapete, eine Hand breit über dem Boden, damit die Fußleiste sie nicht verdeckte, sobald sie wieder angebracht würde. Dann kamen noch Bäume und Sträucher hinzu, ein paar Schafe, Vögel, Kühe, ein Hund, zwei Katzen, ein Elefant und ein schiefes Häuschen. Eine kleine Hexe flog mit ihrem Besen auf den Schornstein zu. Das Prinzesschen konnte wirklich schön malen.

Das mussten auch seine Eltern zugeben, denen beim Anblick der bemalten Wände und ihrer bunt bekleckerten Tochter jedoch zuerst der Atem stockte. Dann fotografierte sein Mütterlein das farbenfrohe Kind für die Oma, damit diese sich am großen Nutzen ihres Geschenks erfreuen konnte. Es dauerte Tage, bis sich das Prinzesschen den letzten Farbklecks abgewaschen hatten. Die gelungene Landschaft auf der Tapete lichteten sie auch ab, weil unser Prinzesschen sie im Kunstunterricht vorzeigen wollte, als Beweis, dass es nicht nur Pferde zu malen verstand.

Prinzesschen Gschwind: Rhinozores

Das Prinzesschen freute sich. Heute ging es mit Ada und Adas Mutter in den Zoo. Es was schon oft im Zoo gewesen, aber noch nicht mit Ada. Die war neu. Die war adoptiert, weshalb sie wohl auch Ada hieß. Ada freute sich auch auf den Zoo. Sie wollte unbedingt ein echtes Rhinozeros sehen. Bisher war sie noch in keinem Zoo gewesen. Dabei wünschte sie sich schon lange, einmal ein echtes Nashorn aus der Nähe zu sehen. Diesen Wunsch wollte ihre Mutter ihr heute erfüllen.

Ein Plüsch-Nashorn zum Kuscheln kaufte sie ihr eben an der Kasse. Sie ließ sich auch genau beschreiben, wie sie zum Nashorn-Gehege gelangen sollten. Außerdem lieh sie einen Bollerwagen aus, in dem die beiden Mädchen Platz hatten. Ada war erleichtert, nicht viel laufen zu müssen. Das Prinzesschen hatte aber große Freude daran, gemeinsam mit Adas Mutter den Wagen zu ziehen. Obwohl es unterwegs eine Menge anderer Tiere gab, hatten die Mädchen keine Augen für sie. Als sie an das Nashorngehege gelangten, lehnten sie sich beide an das Mäuerchen und winkten dem Nashorn auf der anderen Seite des Grabens zu. Das schien sich aber nicht für sie zu interessieren. Vermutlich winkten ihm täglich so viele Kinder, dass es sich vorkam, wie im Zoo.

Ada stellte sich auf die Zehenspitzen und rief aus voller Kehle "Ich bin ein Plastikrhino!" Das hatte sie schon häufig gesagt, seit sie eine Nasenoperation, eine Rhinoplastik erhalten hatte, um besser Luft zu bekommen. Das schien das Rhinozeros zu interessieren, es drehte seinen Kopf soweit in ihre Richtung, dass es sie mit einem Auge ansehen konnte und wackelte mit den Ohren, als wollte es ihnen nun zurückwinken. Darauf erzählte Ada ihm lautstark von ihrer Operation - wie sie sich auf einen Tisch hatte legen müssen und dann eingeschlafen war, um nach einer Weile mit dicken Verbänden in der Nase wieder aufzuwachen. Wie ein Zauberer hatte der Arzt dann später meterlange Tücher aus ihrer Nase geholt. Das Rhino hörte interessiert zu. Aber ein Tierpfleger kam vorbei um zu fragen "Was gibt's den hier für Zores?" Unser Prinzesschen antwortete wahrheitsgemäß "Rhinozores", worauf der Tierpfleger laut lachte. Das Nashorn lächelte nur schüchtern.

Prinzesschen Gschwind bekommt Bärenpost

Prinzesschen Gschwind entdeckte bei einem Nachbarn, der einen Nachmittag lang auf es aufpasste, eine alte Schreibmaschine. Er wollte sie wegwerfen, weil sie ein wenig kaputt war, so dass man keine großen Buchstaben mehr tippen konnte. Das Prinzesschen war aber von der Schreibmaschine sehr begeistert, weil sie ganz ohne Strom funktionierte. Man musste nur kräftig genug auf die Tasten tippen, dann schlugen lange dünne Hämmerchen mit aufgeprägten Buchstaben auf ein Farbband, das vor das Papier gespannt war. Klipp-klapp - schon schrieb das Prinzesschen "schönen dank, dass ich die Schreibmaschine haben darf".

Dank eines Deckels und eines Tragegriffs konnte das Prinzesschen die Schreibmaschine wie einen Laptop durch die Gegend tragen. Stolz präsentierte es dieses Schmuckstück seinen Eltern und stellte es auf seinem Schreibtisch auf. In den nächsten Tagen schrieb es seinen Eltern und Freunden so manchen Brief. Bald ärgerte es sich aber doch, dass es alles klein schreiben musste. Die Maschine stand nun einige Wochen immernoch gut gepflegt, aber ungenutzt weiter auf dem Schreibtisch.

Eines Tages kam das Prinzesschen aus der Schule, da stand der Deckel offen und sein Teddybär saß neben der Maschine, in der eine frisch getippte Notiz steckte: "Mein liebes Prinzesschen," stand darauf, "ich habe Deine Schreibmaschine repariert." Ja, jetzt konnte es tatsächlich auch große Buchstaben tippen! Und ein frisches Farbband, mit dem man schwarz und rot tippen konnte, hatte der Bär ebenfalls eingesetzt. Unser Prinzesschen war sehr glücklich darüber und umarmte und küsste vor Freude seine Eltern und den Nachbarn, von dem es die Schreibmaschine bekommen hatte. Wie der Teddy die Maschine repariert und wer ihm dabei geholfen hatte, verrieten sie nicht. Der Teddybär schrieb dem Prinzesschen zu seiner Freude immer wieder einmal Briefe. Manchmal lobte er es, wenn es sein Zimmer schön aufgeräumt hatte und versprach, bei des Prinzesschens Eltern ein gutes Wort einzulegen, dass sie ihm einen Kuchen büken.

Prinzesschen Gschwind und der Mutterkuchen

Muttertag, so dachte sich Prinzesschen Gschwind, wäre ein Tag, an dem die Mutter im Bett frühstücken muss. Es hatte Kaffee und Eier gekocht, Toastbrot getoastet, Butter, Käse und Wurst aus dem Kühlschrank geholt und das alles schön auf einem Tablett angerichtet, das es nun ins Schlafzimmer seiner Eltern trug. Sein Mütterlein wartete dort brav im Bette, wie das Kind es verlangt hatte. Es war ja Muttertag.

Während die so liebevoll überrumpelte Mutter sich über die Marmelade an der Wurst amüsierte und vorsichtig am viel zu starken Kaffee nippte, machte das Prinzesschen sich mit seinem Vater zusammen daran, einen Muttertagskuchen zu backen - weil ihm dieses Wort zu lang war, sagte das Prinzesschen dazu "Mutterkuchen". Das klang nicht verkehrt - irgenwo hatte es das Wort schon einmal gehört. Sein Vater grinste, hatte aber keine Einwände. Fleißig schütteten die beiden Mehl, Zucker und Backpulver zusammen, rührten eine Nussmischung und Honig hinein, schließlich auch noch Eier. Sie mixten wild drauf los, und es gelang ihnen, den meisten Teig in die Kuchenform zu bringen. Nur wenige Spritzer auf Küchenplatte und Schränken zeugten von ihrer Heldentat, als sie bereits Frikadellen für den Abend brieten. Zum Mittag bereiteten sie Spaghetti mit einer Tomatensauce.

Das Mütterlein unseres Prinzesschens durfte jetzt endlich aus dem Schlafzimmer kommen und sah, dass kaum Sauce auf den Herd gespritzt war. Auch die Tischdecke behielt noch große weiße Flächen, nachdem das Prinzesschen jedem seinen Anteil Sauce auf den Teller gegossen hatte. Zum Kuchen gab es wieder Kaffee und für das Prinzesschen Kakao, von dem es höchstens die Hälfte zu den Tomatenflecken goss. Sein Mütterlein genoss den Kuchen sehr und freute sich, dass es einen solchen Tag im Jahr gab. Und es musste wirklich gar nichts tun an diesem Tag ... außer vielleicht am Abend unser rechtschaffen müdes Prinzesschen ins Bett zu bringen und hinter seinen Lieben aufräumen.

Prinzesschen Gschwind und der Hundeschlitten

Es schneite. Prinzesschen Gschwind hüpfte aus dem Bett und presste beim Herausschauen seine Nase ans Fenster. Die ganze Welt war weiß. Der Winter hatte über Nacht knietiefen Schnee beschert. Das freute das Prinzesschen sehr, und es suchte aufgeregt seinen Skianzug, seine gefütterten Stiefel, Handschuhe, Schal und Mütze zusammen, und nicht zu vergessen: seinen großen Holzschlitten!

Da klingelte es an der Tür und das Prinzesschen öffnete im Schlafanzug. Jan kam herein und drängte das Prinzesschen, sich anzuziehen. Das warf auf dem Weg in sein Zimmer den Schlafanzug ab, zog zwei Unterhosen übereinander und eine Turnhose an, damit es wirklich weich fiel, sollte es vom Schlitten rutschen und sich auf seinen Hintern setzen. Dazu zog es eine Trainingshose, drei Paar Socken, drei Pullover und den Schal an. Dann kamen Skianzug, Schuhe, Mütze und Handschuhe.

Jan half dem Mädchen, den Schlitten herauszutragen, dann setzten sich beide etwas außer Atem darauf. Herr Müller kam gerade jetzt mit seinem Hund Rudi vorbei. Der war an ein Geschirr angeleint, wie ein Schlittenhund, so dass das Prinzesschen gleich fragte, ob es ihn zum Ziehen des Schlittens ausleihen dürfte. Herr Müller lachte.

Er erlaubte, dass die Kinder die Leine am Schlitten befestigten, bestand aber darauf, sie zu begleiten, für den Fall, dass der Hund mit dem Schlitten durchgehen sollte. Kaum saßen die Kinder, sprang der auch schon los, und sein Herrchen musste ihn ein Wenig bremsen, damit sie nicht herunterfielen. Als sie auf freiem Feld waren, wollte unser Prinzesschen doch sehen, wie schnell der Hund sie ziehen konnte und feuerte ihn an. Herr Müller ließ sie gewähren und konnte auch einen Moment noch mitlaufen, dann ging ihm die Puste aus, und er musste eine Pause machen. Nur kurz später purzelten die Kinder nacheinander vom Schlitten, bekamen den noch mit der Hand zu fassen und wurden kurz hinterhergeschleift, bis Rudi das merkte und stehen blieb. Dann kamen die drei freudig zurückgelaufen.

Unser Prinzesschen war sehr begeistert, aber es hatte irgendwie viel Schnee in einen Anzug bekommen, so dass sie nach Hause gehen mussten, damit es trockene Sachen anziehen konnte. Rudi hatte für heute genug herumgetollt, so dass er sich ausruhen sollte. Aber sie durften vielleicht am nächsten Tag noch eine Fahrt mit dem Hundeschlitten machen.

Inhalt